THE
SIMPLE WAY
TO LEARN CHINESE

LEI

XIANGJIAN

All rights reserved.

Copyright © 2018 by Lei Xiangjian

No part of this book may be reproduced or transmitted in any form or by any means, electronic or mechanical, including photocopying, recording, or by any information storage and retrieval system, without permission in writing from the publisher.

This edition contains the complete text

of the original hardcover edition.

NOT ONE WORD HAS BEEN OMITTED.

THE SIMPLEST WAY TO LEARN CHINESE

A Bad Creative Book / published by

arrangement with the author

BAD CREATIVE PUBLISHING HISTORY

The Simplest Way To Learn French published March 2016

The Simplest Way To Learn Spanish, published March 2017

UPCOMING WORKS

The Simplest Way To Learn Spanish 2, 2019

ISBN-10: 1717068243 ISBN-13: 978-1717068248

SOCIAL #TheSimplestWay #LearnChinese #BadCreativ3

CONTENTS

Chapter 1 - Basics
Chapter 2 - Food
Chapter 3 - Animals
Chapter 4 - Possessives
Chapter 5 - Clothing
Chapter 6 - Questions
Chapter 7 - Verbs
Chapter 8 – Preposition

Chapter 9 - Dates & Time

Chapter 10 - Family
Chapter 11 - Color
Chapter 12 - Occupation
Chapter 13 - Measures
Chapter 14 - Household
Chapter 15 - Adjectives
Chapter 16 – Determiners
Chapter 17 - Adverbs
Chapter 18 - Objects
Chapter 19 - Places
Chapter 20 - People
Chapter 21 - Numbers

Contact info

FOREWORD

While in school, we learnt stuff we probably don't use today. However, language is essential to almost every aspect of the human condition.

How do you expand your business beyond your continent for more sales? How are you going to express your love for the beautiful lady that just walked past? How do you get directions to the magnificent Great Wall? With the knowledge of language, that's how.

This book contains a lexicon of some of the most used words in everyday Chinese conversation. It makes use of the age-old learning techniques of repetition and rote memorization, to condition the brain for learning Chinese as quickly as possible. In addition, an auxiliary feature called story mode has been included to aid the reader in a test for comprehension.

Finally, it should be noted that while this book will aid in a visual recognition and comprehension of words in the Chinese language, students must also understand their proper pronunciations. To help with this, there is an accompanying audiobook that will be made available, to enable listening lessons.

And so, from the beautiful city of Beijing, the city of love and all things fashionable, we present to you, The Simple Way To Learn Chinese.

HOW TO USE THIS BOOK

1. This line is the training line (or T-Line if you prefer)

TRAINING TIME

It represents the end of a set of 25 words to memorize.

2. You are required to cover the right side of the book & attempt to translate the left side, off hand.
3. Each correct translation carries 1 point. Words after the T-line but not up to 25, are considered as bonuses.
4. Do not proceed to the next batch until you have scored twenty-five points
5. The story modes are designed to help you understand the usage of the words in sentences, so be sure to score high on the training, to fully comprehend the stories.

Now that you know the rules,

Let us begin.

Chapter 1
BASICS

Keywords : Wǒ, tā, nǐ, érqiě, nánrén, nǚhái, nánrén, nǚrén, píngguǒ, chī, hē, shuǐ.

Gāi	The
Shuǐ	Water
Píngguǒ	Apple
Nánhái	Boy
Nà wèi nǚhái	Girl
Nánrén	Man
Yīgè nǚrén	A woman
Miànbāo	Bread
Yīgè nánrén	A man
Yīgè nǚrén	A woman
Wǒ shìgè nánrén	I am a man
Wǒ shì yīgè nánhái	I am a boy
Nǚrén chī yīgè píngguǒ	The woman eats an apple
Nánhái chī yīgè píngguǒ	The boy eats an apple
Tā shì	She is
Tā shìgè nánhái	He is a boy
Tā shìgè nǚhái	She is a girl
Wǒ hē	I drink
Nǐ hē	You drink
Wǒ chī	I eat
Nǐ chī	You eat
Tā chī	She eats
Wǒ chī táng	I eat sugar
Tā zhèngzài hē shuǐ	He is drinking water
Nǐ shì yīgè nǚrén	You are a woman

TRAINING TIME

Nǔrén	Women
Zhè běn shū	The book
Bàozhǐ	Newspaper
Wǒ dú	I read
Wǒ xiě	I write
Nǐ dú	You read
Nǐ xiě	You write
Tā dú	She reads
Tā dúle	He read
Wǒmen xiě	We write
Wǒmen hē	We drink
Tā xiěle yī běn shū	He wrote a book
Nǐ hē shuǐ	You drink water
Wǒmen hē shuǐ	We drink water
Tā zài hē dōngxī	She is drinking
Tā zhèngzài hē shuǐ	He is drinking water
Nǐ shì yīgè nánhái	You are a boy
Wǒmen shì háizi	We are children
Wǒmen shì nánrén	We are men
Wǒmen shì nǔrén	We are women
Wǒmen shì nánhái	We are boys
Nǐ shìgè nánrén	You are a man
Wǒmen hē niúnǎi ma?	Do we drink milk?
Wǒmen hē niúnǎi	We drink milk
Wǒmen hē shuǐ	We drink water

TRAINING TIME

Gāi	The
Tāmen	they
Wǒmen, Tāmen	We, they
Wǎnle	Late
Xiàwǔ	In the afternoon
Nǐ hǎo!	Hello there!
Zhōngwén	Chinese
Wǒ shuō	I said
Fēicháng gǎnxiè nǐ	Thank you very much
Zàijiàn	Goodbye
Nǐ huì shuō yīngyǔ ma?	Can you speak English?
Wǒ shì James, wǒ huì shuō yīngyǔ	I am James and I speak English
Shì de, qǐng yuánliàng wǒ	Yes, please forgive me
Wǒ shì Huang, wǒ huì shuō yìdàlì yǔ	I'm Huang, I can speak Italian
Tā shì píngguǒ ma?	Is it an apple?
Tā, tā, wǒmen	He, she, we
Tāmen shì nánrén ma?	Are they men?
Tāmen shì nǔxìng ma?	Are they women?
Tāmen shì nánzǐhàn	They are men
Tāmen shì nǔrén.	They are women.
Tāmen shì nǔhái	They are girls
Tāmen dú	They read
Tāmen xiě	They write
Tāmen shì nǔrén.	They are women.

TRAINING TIME

Xièxiè	Thank you
Shì	Yes
Nǐ hǎo	Hello there
Zàijiàn!	Goodbye!
Wǎnshàng hǎo	Good evening
Zǎoshang hǎo	Good morning
Wǎn'ān	Good night
Zàijiàn Salvador	Goodbye Salvador
Wǎnshàng hǎo Georgia	Good evening Georgia
Wǎn'ān Joe	Goodnight Joe
Xièxiè Sofia!	Thank you Sofia!
Bù, xièxiè	No, thank you
Bù hǎoyìsi	No sorry
Qǐng	Please
Duìbùqǐ	I am sorry
Zài táng	In sugar
Wǒ yǒuyīgè píngguǒ	I have an apple
Wǒ chīle táng	I ate sugar
Nà nánhái xiě dào	The boy wrote
Tā chī táng	She eats sugar
Wǒ yǒu yī běn shū	I have a book
Tā zhèngzài hē píjiǔ	He is drinking beer
Wǒ xǐhuān nǐ	I like you
Wǒ xǐhuān nǚrén	I like women

TRAINING TIME

Wǒmen shì nǚrén	We are women
Tāmen shì nǚhái	They are girls
Wǒ yǒuyī bǎ yàoshi	I have a key
Tāmen bù hǎo	They are not good
Tāmen dú	They read
Tāmen xǐhuān bōluó	They like pineapples
Zhège nánhái chīle Yīgè píngguǒ	The boy eats an apple
Zhège rén dúle zhè Fēng xìn	This person read this letter
Wǒ dúle zhèxiē wénzì	I read these texts
Zhège nǚhái zhèngzài Chī yīgè píngguǒ	The girl is eating an apple
Tā dúle zhèxiē huà	He read these words
Tā zài xiězuò	She is writing
Tā chī tǔdòu	She eats potatoes
Tāmen xǐhuān Xiāngjiāo	They like bananas
Tā shì fēicháng hǎo de	She is very good
Tāmen hē	They drink
Nǐmen dōu shì nǚhái	You are all girls
Wǒ xiěle yī běn shū	I wrote a book
Nǐ xiěle yī fēng xìn	You wrote a letter
Wǒ xiě	I write
Tā xiěle yī běn shū	He wrote a book
Nà nánhái xiěle yī Fēng xìn	The boy wrote a letter
Wǒ dúle bàozhǐ	I read the newspaper
Tāmen dúle yī běn shū	They read a book
Tāmen xiěle yī běn shū	They wrote a book

TRAINING TIME

Wǒmen dú	We read
Wǒmen hē	We drink
Wǒ dúzì yīrén	I am alone
Nǐ dúle yī běn shū	You read a book
Wǒmen kànle bàozhǐ	We read the newspaper
Tā yuèdú yī běn shū	He reads a book
Zhào shì yīgè rén	Zhao is a person
Huáng xiě dào, Xiáng jí dúle tā	Huang wrote that, Xiang Ji read it
Alberto dúle yī běn shū	Alberto reads a book
Zǎoshang hǎo nǐ hǎo ma?	Good morning, how are you?
Wǒ shì nǚhái, wǒ hē niúnǎi	I am a girl and I drink milk
Nǐ hē shuǐ	You drink water
Wǒ wèishéme zhème shuō?	Why do I say that?
Wǒmen bùxiǎng yào dírén	We don't want an enemy
Tā wèn dào bìng huídá	She asked and answered
Shéi yíng?	Who wins?
Wǒ bìxū liù diǎn qǐchuáng	I must get up at six
Zhè shì yīgè chéngnuò	This is a promise
Wǒ zài píngzi lǐ zhuāng mǎnle shuǐ	I filled the bottle with water
Wǒmen zhèyàng zuò	We do this
Wǒ zuò de	I did it
Wǒ tīng shuō	I heard
Wǒ fēicháng xǐhuān tāmen	I like them very much
Tā bāngzhù tāmen	She helps them
Wǒ gēgē zhǎo tāmen	My brother looks for them

STORY MODE

CHINESE

Zhu: "Wǒ zhǔnbèi hǎo yǔ lǐyuērènèilú de qiúyuánmen yīqǐ cānjiā pàiduì. Wǒmen míngtiān yào zǒule."

Huang: "Nǐ yǒu nǐ xūyào de yīqiè ma?"

Zhu: "Shì de."

Huang: "Nǐ de lǚxíng yǒu duō zhǎng?"

Zhu: "Dàyuē sān dào sì gè yuè."

Huang: "Zhè bāo li yǒu shé me?"

Zhu: "Bù duō, yǒuxiē yīfú, shuǐ hé diànnǎo."

Huang: "Nǐ yǒu méiyǒu kǎolǜ dào nǐ dàodá de bìyào shìxiàng?"

Zhu: "Nǐ shì shénme yìsi?"

Huang: "Zhù dì dìfāng, chīfàn dì dìfāng, qù dì dìfāng."

Zhu: "Bù, bùshì zhēn de."

Huang: "Rúguǒ nǐ hái méiyǒu yùdìng yīgè dìfāng, nǐ réngrán kěyǐ zhù zài mǎtóu huánggōng jiǔdiàn. Zǎocān hěn piányí, bāokuò xīnxiān niúnǎi.
Ruò yào xiǎngyòng měishí hé yǐnpǐn, nín kěyǐ qiánwǎng shèngbǎoluó de Acqua, zhè shì yīgè fēicháng hǎo dì dìfāng. Tāmen hái yǒu yīgè huāyuán, nín kěyǐ zuò xiàlái hé nánrén hé nǚrén yīqǐ hējiǔ
wǎnshàng, nǐ yīnggāi qù'Cambery'hǎitān. Zǒng yǒu yīqún kuàilè de rén zài xúnzhǎo měihǎo shíguāng.
Zuìhòu, rúguǒ nín xiǎng gòumǎi wùpǐn, kěyǐ fǎngwèn Ordem Market. Tā zài zhōu liù kāifàng, dàn dà duōshù jiāoyì yuán dūhuì shuō pútáoyá yǔ."

Zhu: "Méi wèntí, wǒ kěyǐ dú yīdiǎn pútáoyá yǔ. Wǒ dàodá shí yě kěyǐ xuéxí zhè mén yǔyán."

Huang: "Nǐ mèimei huì hé nǐ yīqǐ qù ma?"

Zhu: "Shì de, wǒmen huì yīqǐ xiě yī běn shū."

Huang: "Nǐ fùqīn zěnme yàng?"

Zhu: "Bù, tā néng zài jiālǐ kàn bàozhǐ."

Huang: "Hǎo ba, bié wàngle wǒmen, dài huí yīxiē jìniànpǐn."

Zhu: "Bié dānxīn, wǒ huì jì xìn gěi nǐ gēngxīn."

Huang: "Xièxiè nǐ, wǒ jiāng fēicháng gǎnjī."

ABCDEFGHI
JKLMNOPQ
RSTUVWXY
Z

ENGLISH

Zhu: "I'm ready to party with the players in Rio de Janeiro. We're leaving tomorrow."

Huang: "Do you have everything you need?"

Zhu: "Yes."

Huang: "How long is your trip?"

Zhu: "About three to four months."

Huang: "What is in this bag?"

Zhu: "Not much, some clothes, water and computers."

Huang: "Have you considered the necessary things for your arrival?"

Zhu: "What do you mean?"

Huang: "A place to live, places to eat, places to go."

Zhu: "No, not really."

Huang: "If you haven't booked a place yet, you can still stay at the Wharf Palace Hotel. Breakfast is very cheap and includes fresh milk.

For food and drinks, you can visit Acqua, a very nice place in Sao Paulo. They also have a garden where you can sit and drink with men and women

In the evening, you should go to 'Cambery' beach. There is always a group of happy people looking for a good time.

Finally, if you want to buy items, you can visit Ordem Market. It is open on Saturday, but most traders speak Portuguese."

Zhu: "No problem, I can read a little Portuguese. I can also learn the language when I arrive."

Huang: "Will your sister go with you?"

Zhu: "Yes, we will write a book together."

Huang: "What about your father?"

Zhu: "No, he will be able to read newspapers at home."

Huang: "Well, don't forget about us and bring back some souvenirs."

Zhu: "Don't worry, I'll send letters to update you."

Huang: "Thank you, I will be very grateful."

1 2 3 4 5 6 7 8 9
10 11 12 13 14 15
16 17 18 19 20 21
22 23 24 25 26
27 28 29 30 31

Chapter 2

FOOD

Keywords : Qiǎokèlì, shuǐguǒ, húluóbo, shíwù, píjiǔ, píng, kāfēi, zǎocān, qiè, chī, zuò fàn.

Shuǐguǒ	Fruit
Chāzi	Fork
Jī'è	Hunger
Yǐnshí	Diet
Zǎocān	Breakfast
Wǔcān	Lunch
Wǎncān	Dinner
Píngzi	Bottle
Bōlí	Glass
Huángyóu	Butter
Bēizi	Cup
Zhège wǎn	The bowl
Dàngāo	Cake
Píjiǔ	Beer
Jī	Chicken
Jīdàn	The egg
Yīgè jīdàn	An egg
Yǐnliào	Beverage
Nǎilào	Cheese
Yīgè hóng luóbo	A carrot
Jiàng zhī	Sauce
Pútáo	Grape
Dàsuàn	Garlic
Guǒzhī	Juice
Yǐnliào	Drink

TRAINING TIME

Yú	Fish
Niúnǎi	Milk
Kāfēi	Coffee
Càidān	Menu
Zhè cān	The meal
Diézi	Plate
Yī gēn xiāngjiāo	A banana
Wǒ chī qiǎokèlì	I eat chocolate
Zhège nánhái chī bǐnggān	The boy eats cookies
Wǒ chī qiǎokèlì bīngqílín	I eat chocolate ice cream
Wǒ zài chī wǔfàn	I am having lunch
Wǒ zuò wǔfàn	I make lunch
Tā bìng bù suān	It is not sour
Guǒjiàng yǒu suānwèi	The jam has a sour taste
Wǒ zhǔ ròu	I cook meat
Zhè shì yī jiàn chúfáng	This is a kitchen
Wǒ hēle yī píng	I drank a bottle
Nǐ hē niúnǎi	You drink milk
Nǐ hē kāfēi	You drink coffee
Nǐ chī yú	You eat fish
Zhège rén yǒu yīgè chāzi	This person has a fork
Wǒ chī de shì yóu zhá nǎilào	I eat fried cheese
Wǒmen chī	We eat
Wǒmen chī zǎocān	We have breakfast
Chúshī yǒu huángyóu	The chef has butter

TRAINING TIME

Nàgè nǔrén zhèngzài chī yú	The woman eats fish
Wǒ yǒu wǎncān	I have dinner
Zhè tiáo yú shì wǎncān	The fish is for dinner
Wǒ bù chī nǎilào	I do not eat cheese
Tāmen chī yú	They eat fish
Chúshī qiè niúròu	The chef cuts beef
Wǒ qièle píngguǒ	I cut the apple
Tā zuò fàn	She cooks
Wǒ zhǔ yú	I cook fish
Nàgè nǔrén qiè húluóbo	The woman cuts carrots
Wǒ zhǔ jīròu	I cook chicken
Nǎiyóu fèiténgle	The cream is boiling
Qiǎokèlì nǎiyóu zhèngzài fèiténg	The chocolate cream is boiling
Bōluó hé píjiǔ	Pineapple and beer
Wǒ qiē miànbāo	I cut the bread
Shíwù	The food
Tángguǒ	The candy
Wǒ chī shuǐguǒ	I eat fruit
Tā chī dòuzi	He eats beans
Níngméng	Lemon
Chéngsè	Orange
Tā chīle yī gēn xiāngjiāo	She ate a banana
Wǒ chīle yīgè tián dàngāo	I ate a sweet cake
Wǒ chī niúpái	I eat steak
Tāmen chī guǒjiàng	They eat jam

TRAINING TIME

Zhè ròu	The meat
Zhūròu	Pork
Yángcōng	Onion
Yán	Salt
Táng	Sugar
Tāng	Soup
Yìdàlì xì miàntiáo	Spaghetti
Bái mǐfàn	White rice
Cāntīng	Restaurant
Sānmíngzhì	Sandwich
Fānqié	Tomato
Tǔdòu	Potato
Wǒ zhǔ tǔdòu	I boiled potatoes
Wǒ chīle guǒjiàng	I ate jam
Nà rén hē níngméng shuǐ	The man drinks lemonade
Chúshī zhǔ zhūròu	The chef cooks pork
Wǒ zài shū zhōng yǒu yīgè shípǔ	I have a recipe in the book
tā hē yóu	She drinks oil
Wǒ bù hē yóu	I do not drink oil
Wǒ méiyǒu làjiāo	I do not have pepper
Wǒmen chī miànshí	We eat pasta
Wǒ zhǔ tǔdòu	I boiled potatoes
Zhè shì yīgè sānmíngzhì	This is a sandwich
Tā chī shālā	He eats salad
Chúshī yǒu xiāngcháng	The cook has a sausage

TRAINING TIME

Chúfáng	Kitchen
Niúròu	Beef
Hóngjiǔ	Wine
Guǒzhī	Fruit juice
Shāokǎo	Barbecue
Cǎoméi	Strawberry
Chéngfèn shì yán	The ingredient is salt
Wǒmen zài cāntīng chīguò wǎnfàn	We had dinner in the restaurant
Thè shì yī zhǐ huǒ jī	This is a turkey
Nǚshìmen zài cāntīng chī wǔfàn	The ladies have lunch at the restaurant
Zhège nánhái chī wǔfàn	The boy has lunch
Nàgè nǔrén chī wǎnfàn	The woman eats dinner
Wǒ chīle yīgè xīhóngshì	I ate a tomato
Chúshī gòng jìn wǔcān	The chef has lunch
Wǒ bùshì fúwùyuán	I am not a waiter
Wǒmen hē guǒzhī	We drink fruit juice
Tā qiē miànbāo	He cut the bread
Tā dúle càidān	He reads the menu
Tā chī xiāngjiāo	He eats bananas
Nǐ èle ma?	Are you hungry?
Nǐ xǐhuān húluóbo ma?	Do you like carrots?
Wǒ zuò fàn, nǐ chī	I cook and you eat
Wǒ chīle yīgè jīdàn	I ate an egg
Tā bùshì sùshí zhǔyì zhě	He is not vegetarian
Chúshī pēngrèn mógū	The chef cooks mushrooms

TRAINING TIME

Dāo	Knife
Tāngchí	Spoon
Kǔ	Bitter
Yīgè níngméng	A lemon
Nóngchǎng	Farm
Tā chī shūcài	He eats vegetables
Fúwùyuán yǒu jiǔ	The waiter has wine
Wǒmen chī mógū	We eat mushrooms
Wǒ chī yú	I eat fish
Wǒ bù chī nǎilào	I do not eat cheese
Zhège nǚhái zhèngzài hē chá	The girl is drinking tea
Nǚhái èle	The girl is hungry
Chéngfèn shì guǒjiàng	The ingredient is jam
Wèidào bù tián	The taste is not sweet
Wèidào hěn tián	The taste is sweet
Nǐ chī bīng	You eat ice
Zhège nánhái chī nǎilào	The boy eats cheese
Wǒ xǐhuān dàngāo	I like cake
Wǒ xǐhuān shālā hé yóu	I like salad and oil
Wǒmen chī bōluó	We eat a pineapple
Wǒmen chīle yīgè píngguǒ	We eat an apple
Nǐ hē kāfēi ma?	Do you drink coffee?
Tā yǒu shuǐ	He has water
Tā yǒu yīgè píngguǒ	He has an apple
Tā chīle yīkuài bǐnggān	He ate a piece of biscuit

TRAINING TIME

Nǚhái chī shuǐguǒ	The girl eats fruit
Nǚhái chī yìdàlì miàn shíyòng hújiāo	The girl eats pasta with pepper
Nǚrén xǐhuān hújiāo yìdàlì miàn	The woman enjoys pepper pasta
Nǐ chī tǔdòu ma?	Do you eat potatoes?
Zhège nǚhái zhèngzài hē chéngzhī	The girl is drinking orange juice
Nǚhái chī mǐfàn	The girls eat rice
Nánrén xǐhuān mǐfàn hé hújiāo	Men like rice and pepper
Wǒ yǒuyī běn shū	I have a book
Wǒ xǐhuān qiǎokèlì	I like chocolate
Tā xǐhuān yòng hújiāo zhìzuò qiǎokèlì	He likes to make chocolate with pepper
Wǒ xǐhuān bǐnggān	I like cookies
Tā xǐhuān hē chá	He likes to drink tea
Wǒmen chī sānmíngzhì	We eat sandwiches
Niúnǎi fèiténgle	Milk is boiling
Shíwù hěn hǎo	Food is good
Tā hē níngméng shuǐ	He drinks lemonade
Zhè shì yī dùnfàn	This is a meal
Zhè shì shíwù!	This is food!
Wǒ bù hē	I do not drink
Tā gāoxìng de xiě dào	He wrote happily
Fēicháng hǎo de pútáojiǔ	Very good wine
Wǒ chī táng	I eat sugar
Wǒ zuò suānnǎi	I make yogurt
Nǐ chī cǎoméi ma?	Do you eat strawberries?
Wǒ xǐhuān niúpái	I like steak

TRAINING TIME

Bù, Francesca bù chī yú	No, Francesca does not eat fish
Victoria chī mǐfàn	Victoria eats rice
Niúnǎi, jīdàn, yú	Milk, eggs, fish
Wǒ zhǔ yú	I cook fish
Júzi shì yī zhǒng shuǐguǒ	Orange is a kind of fruit
Zhao chī shuǐguǒ	Zhao eats fruit
Bù, Han bù hējiǔ	No, Han doesn't drink
Zhè shì fānqié	This is a tomato
Wǒ chī yìdàlì miàn	I eat pasta
Wǒ zhǔ yìdàlì miàn	I cook pasta
Shì de, zhè shì guǒzhī	Yes, it is juice
Nǚhái chī shuǐguǒ	Girls eat fruit
Wǒmen hē guǒzhī	We drink fruit juice
Shì de, fānqié	Yes, a tomato
Chéngsè, píngguǒ	Orange, apple
Wǒ bù zhǔ miàntiáo, wǒ zuò fàn	I do not cook noodles, I cook rice
Zhège nǚhái chī cǎoméi	The girl eats strawberries
Bù, tā bùshì cǎoméi, tā shì fānqié	No, it is not a strawberry, it is a tomato
Li bù chī cǎoméi	Li does not eat strawberries
Alberto bù chī jiàngyóu	Alberto does not eat soy sauce
Chá, shuǐ, táng	Tea, water, sugar
Wǒ chī sānmíngzhì	I eat sandwiches
Wǒmen chī cǎoméi	We eat strawberries
Zhè shì yīgè sānmíngzhì	This is a sandwich
Nǐ chī yīgè sānmíngzhì	You eat a sandwich

TRAINING TIME

Bù, Han bùshì sùshí zhǔyì zhě	No, Han is not a vegetarian
Cǎoméi, píngguǒ, shuǐguǒ	Strawberry, apple, fruit
Zhège nánhái chī cǎoméi	The boy eats strawberries
Shì de, Zhāng shì sùshí zhǔyì zhě	Yes, Zhang is vegetarian
Sùshí zhě hē píjiǔ ma?	Do vegetarians drink beer?
Zhāng shì sùshí zhǔyì zhě, tā bù chī yú	Zhang is a vegetarian, she does not eat fish
Wǒ shì sùshí zhǔyì zhě, Wǒ bù chī jīròu	I'm vegetarian, I don't eat chicken
Zhè shì yī zhǒng tāng	It is a soup
Zhè shì yī zhǒng níngméng	It is a lemon
Zhè shì shíwù	It is food
fānqié, tǔdòu, nǎilào	Tomato, potato, cheese
Wǒ zhǔ yú	I cook fish
Fānqié, yángcōng, tāng	Tomato, onion, soup
Jīdàn, nǎilào	Eggs, cheese
Wǒ zhǔ ròu	I cook meat
Wǔcān	Lunch
Wǒ zài chī wǔfàn	I am having lunch
Wǒ chī ròu	I eat meat
Yú, ròu, jīròu	Fish, meat, chicken
Jīdàn, jīròu, mǐfàn	Eggs, chicken, rice
Wǒ bùxiǎng chī shēngcài	I don't want to eat lettuce
Wǒmen de pútáo	Our grapes
Yīgè húluóbo hé yīgè píngguǒ	One carrot and one apple
Tāng shì gěi Zhào	The soup is for Zhao
Wǒ de shālā lǐ bùxiǎng yào shēngcài	I do not want lettuce in my salad

TRAINING TIME

Húluóbo	Carrot
Bōluó	Pineapple
Bù, tāmen bùshì pútáo	No, they are not grapes
Shì de, mógū shì hóngsè de	Yes, mushrooms are red
Tā hē shuǐ huò niúnǎi	She drinks water or milk
Shālā, mógū, húluóbo	Salad, mushroom, carrot
Alberto chī mógū	Alberto eats mushrooms
Silvia hé Huáng shì sùshí zhǔyì zhě	Silvia and Huang are vegetarians
Zhào hé wǒ chī ròu	Zhao and I eat meat
Marco hé wǒ bù hē píjiǔ	Marco and I do not drink beer
Wǒ xiǎng yào yī fèn shālā mógū	I want a mushroom in a salad
Shì de, zhè shì shālā	Yes, it is a salad
Wǒmen chī bōluó	We eat pineapples
Wǒ xiǎng yào de pútáo shì hóngsè de	The grapes I want are red
Eā chīle yī gēn xiāngjiāo	She ate a banana
Dàngāo	cake
Nǐ xūyào gèng duō de yùmǐ ma?	Do you need more corn?
Wǒ xiǎng hē de shíhòu hē	I drink when I want to
Rúguǒ wǒ bù zuò fàn, wǒ bù chī	If I don't cook, I don't eat
Wǒ xiǎng yào yīgè xiāngjiāo	I want a banana
Bái dàngāo shì wǒ de	White cake is mine
Shì bōluó ma?	Is it pineapple?

Wǒ xiǎng yào gèng duō de xiāngjiāo	I want more bananas
Wǒ chī shì yīnwèi nǐ chī	I eat because you eat
Jiàng, fānqié, yángcōng	Sauce, tomato, onion

TRAINING TIME

Bīngqílín	Ice cream
Wǒ yǒu kāfēi bīngqílín	I have coffee ice cream
Zhè cān	The meal
Dòuzi	Beans
Mógū	Mushroom
Bōluó shì wǒmen de	The pineapple is ours
Tā zhèngzài chī xiāngjiāo	She is eating a banana
Wǒ xiǎng zài shālā lǐ chī jīnqiāngyú	I want tuna in the salad
Huǒ jī bùshì wǒmen de	The turkey is not ours
Nǐ xūyào gèng duō de bīng kuài ma?	Do you need more ice cubes?
Wǒ bù chī yìdàlì miàn	I do not eat pasta
Wǒ zài wǎncān shí shuōhuà	I speak at dinner
Jīnqiāngyú, ròu hé jīròu	Tuna, meat and chicken
Wǒ bùxiǎng yào huǒ jī, xièxiè	I do not want turkey, thank you
Wǒ chīfàn de shíhòu kànle càidān	I read the menu when I was eating
Zhè shì bīng, ér bùshì táng	This is ice, not sugar
Huángyóu hé yóu	Butter and oil
Yóu hé yán	Oil and salt
Nǐ chī làjiāo ma?	Do you eat pepper?
Wǒ xiǎng yào méiyǒu nǎilào de miànshí	I want pasta without cheese
Wǒ bù chī dàsuàn	I do not eat garlic

Jíshǐ tā bù hē píjiǔ, tā yě huì hējiǔ	Even if she does not drink beer, she will drink
Xiǎomíng chī nǎilào fàn	Xiaoming eats rice with cheese
Yóu shì huángsè de Shēngcài	Oil is yellow Lettuce

TRAINING TIME

STORY MODE

CHINESE

Zhū: "Zǎocān chī shénme?"

Huáng: "Húluóbo dàngāo."

Zhū: "Zhè shì shālā ma?"

Huáng: "Bù, zhè shì yīkuài zhēnzhèng de dàngāo. Tā shì yòng húluóbo zhì chéng de."

Zhū: "Kàn qǐlái hào chī. Wǒ xiǎng chī yīgè yóu xiāngjiāo, júzi, cǎoméi huò bōluó zuò chéng de dàngāo…… Wǔcān zěnme yàng?"

Huáng: "Mǐfàn hé jīnqiāngyú, suàn jiàng."

Zhū: "Bù, wǒ bùxiǎng nàyàng. Bīngxiāng lǐ hái yǒu shé me dōngxī?"

Huáng: "Zhǐyǒu yīxiē xīhóngshì, yú, jīròu, nǎilào, yángcōng hé yīxiē jīdàn. Wǒ réngrán xūyào gòumǎi yīxiē wùpǐn."

ENGLISH

Zhu: "What do we have for breakfast?"

Huang: "Carrot cake."

Zhu: "Is it a salad?"

Huang: "No, this is a real cake. It is made of carrots."

Zhu: "It looks delicious. I want to eat a cake made of bananas, oranges, strawberries or pineapple... how about lunch?"

Huang: "Rice and tuna, garlic sauce."

Zhu: "No, I don't want that. What else do you have in the fridge?"

Huang: "Nothing but some tomatoes, fish, chicken, cheese, onions and some eggs. I still need to buy some items."

Chapter 3

ANIMALS

Keywords : Jīngyú, dà xiàng, láng, niú, kūnchóng, māo, shé, yā, shāyú, cāngyíng, mǎyǐ, dòngwù.

Gōngniú	Bull
Nà pǐ mǎ	Horse
Nà zhǐ niǎo	Bird
Wūguī	Tortoise
Shī zi	Lion
Gǒu	Dog
Nà zhǐ māo	Cat
Dà xiàng	Elephant
Yāzi	Duck
Zhīzhū	Spider
Xióng	Bear
Nà zhǐ tùzǐ	Rabbit
Zhū	Pig
Hóuzi	Monkey
Hǎitún	Dolphin
Yītóu niú	A cow
Yī zhǐ mìfēng	A bee
Yīgè kūnchóng	An insect
Jīngyú	Whale
Tā yǒuyī zhǐ māo	She has a cat
Zhè shì yī zhǐ láng	This is a wolf
Zhè shì yī zhǐ qì'é	This is a penguin
Yī zhǐ hóuzi zài dòngwùyuán lǐ	A monkey in the zoo
Nǐ shì lǎohǔ	You are a tiger
Jī shì yī zhǐ niǎo	The chicken is a bird

TRAINING TIME

Gǒu hē shuǐ	The dog drinks water
Nǎiniú hē niúnǎi	The cows drink milk
Yī zhǐ māo hē shuǐ	A cat drinks water
Māo hē niúnǎi	The cat drinks milk
Dà xiàng hē niúnǎi	Elephants drink milk
Niǎo er chī shuǐguǒ	The birds eat the fruit
Yī zhǐ hóuzi chī yī gēn xiāngjiāo	A monkey eats a banana
Nǎiniú hē shuǐ	The cows drink water
Zhīzhū hē shuǐ	A spider drinks water
Wǒ shì yī zhǐ húdié	I'm a butterfly
Wǒ shì yī zhǐ kūnchóng	I'm an insect
Shé chī lǎoshǔ	Snakes eat rats
Shāyú chī	Sharks eat
Cāngyíng zài bōlí bēi lǐ	The fly is in the glass
Wǒ yǒuyī zhǐ mìfēng	I have a bee
Wǒ yǒuyī zhǐxióng	I have a bear
Mìfēng chīle táng	The bees eat the sugar
Gǒu chī mǎyǐ	The dog eats ants
Tāmen bù xǐhuān mǎ	They don't like horses
Zhè shì yī zhǐ lǎoshǔ!	This is a mouse!
Dà xiàng chīle yīgè píngguǒ	The elephant eats an apple
Zhège nǚhái hé lǎohǔ shuōhuà	The girl talks to the tiger
Láng gēn nǚhái shuōhuà	The wolf talks to the girl
Shé gàosù háizi shuōhuà	The snake told the child to speak
Lǎohǔ chī miànbāo	Tigers eat bread

TRAINING TIME

Cāngyíng chī miànbāo	The fly eats bread
Mǎyǐ dúle yī běn shū	The ant reads a book
Zhège dòngwù	The animal
Māo hē niúnǎi	The cats drink milk
Mǎ hē shuǐ	The horse drinks water
Zhè zhǐ niǎo hē shuǐ	The bird drinks water
Mǎ shì dòngwù	A horse is an animal
Láng hē niúnǎi	The wolf drinks milk
Shì de, gǒu	Yes, the dogs
Wǒ xǐhuān māo	I like cats
Kūnchóng chī qiǎokèlì	Insects eat chocolate
Cāngyíng chī qiǎokèlì	Flies eat chocolate
Kūnchóng hē shuǐ	Insects drink water
Cāngyíng shì kūnchóng	Flies are insects
Tāmen shì māo ma?	Are they cats?
Zhè shì yī zhǐ mǎyǐ	It is an ant
Shì de, tāmen shì dà xiàng	Yes, they are elephants
Juan shì yī zhǐ wūguī	Juan is a turtle
Alberto shì yī zhǐ yāzi	Alberto is a duck
Fernando shì yītóu dà xiàng	Fernando is an elephant
Dà xiàng hē shuǐ	The elephants drink water
Wǒmen shì wūguī	We are turtles
Tāmen shì pángxiè, ér bùshì zhīzhū	They are crabs, not spiders
Xióng shì dòngwù	A bear is an animal
Nàxiē niǎo er	The birds

TRAINING TIME

STORY MODE

CHINESE

Zhū: "Xièxiè nǐ dài wǒ qù dòngwùyuán, zhè li yǒu hěnduō dòngwù, wǒ kěyǐ kàn dào shīzi, mǎ, dà xiàng, hóuzi, xióng, tùzǐ hé niǎo lèi."

Huáng: "Kàn nàlǐ, nà zhǐ jùdà de zhīzhū bèi chēng wèi láng zhū, zài shuǐzhōng, yǒu dà wūguī, yāzi, pángxiè hé hǎitún."

Zhū: "Hái yǒu qì'é ma?"

Huáng: "Wǒ duì cǐ biǎoshì huáiyí, qì'é shì yī zhǒng běijí dòngwù, suǒyǐ tā gèng yǒu kěnéng chūxiàn zài bīngdòng dìqū."

Zhū: "Nǐ duì dòngwù liǎojiě hěnduō, nǐ yǒu chǒngwù ma?"

Huáng: "Méiyǒule. Yǒuyī zhǐ lǎoshǔ, ránhòu shì yī zhǐ zhū, dànshì wǒ jiějiě chīle tā. Ránhòu yǒuyī zhǐ gǒu xǐhuān zhuīzhú línjū de māo, dàn tā shēngbìngle bìngqiě sǐle."

Zhū: "Nǐ zuì xǐhuān nǎ zhǒng dòngwù?"

Huáng: "Wǒ zuì xǐhuān de dòngwù shì wǒ kěyǐ chī huò hē de dòngwù, tèbié shì jī hé nǎiniú. Wǒ tǎoyàn zuìduō de shì shé hé mìfēng."

ENGLISH

Zhu: "Thank you for taking me to the zoo, there are so many animals here, I can see lions, horses, elephants, monkeys, bears, rabbits and birds."

Huang: "Look there, that giant spider is called the tarantula, and in the water, there are big turtles, ducks, crabs and dolphins."

Zhu: "Are there also penguins?"

Huang: "I doubt it, the penguin is an Arctic animal, so it's more likely to be in the frozen regions."

Zhu: "You know a lot about animals, do you have a pet?"

Huang: "No more. Once I had a mouse, and then a pig, but my sister ate it. Then there was a dog that loved to chase the neighbor's cat, but it got sick and died."

Zhu: "Which animals are your favorites?"

Huang: "The animals I like best are the ones I can eat or drink, especially chickens and cows. The ones I hate the most are snakes and bees."

Chapter 4

POSESSIVES

Keywords : Wǒ de, nǐ de, tā de.

Bùshì wǒ de.	It's not mine.
Wǒ chīle sānmíngzhì.	I eat my sandwich.
Wǒ de māo hē niúnǎi.	My cat drinks milk.
Zhèxiē gǒu shì wǒ de.	These dogs are mine.
Zhè tiáo gǒu shì wǒ de.	This dog is mine.
Wǒ de píngguǒ zài pánzi lǐ.	My apple is on the plate.
Tā shì wǒ de nǚ péngyǒu.	She's my girlfriend.
Zhè zhǐ māo bùshì wǒ de.	This cat is not mine.
Tā shì nǐ de ma?	Is it yours?
Wǒmen huì hē nǐ de.	We'll drink yours.
Nǐ de sānmíngzhì.	Your sandwich.
Chúfáng shì nǐ de.	The kitchen is yours.
Tā yǒu nǐ de pánzi.	He's got your plate.
Chúfáng li yǒu yīgè wǎn.	There's a bowl in your kitchen.
Wǒ zài chī nǐ de.	I'm eating yours.
Nǐ de yán.	Your salt.
Chāzi shì nǐ de.	The fork is yours.
Wǒ huì chī nǐ de sānmíngzhì.	I'll eat your sandwich.
Tā de yìdàlì miàn shì zài pánzi shàng.	Her pasta is on a plate.
Tángguǒ shì tā de.	The candy is hers.
Tā de mǎ chī mǐfàn	His horse eats rice
wǒ yǒu tā de píngzi.	I have his bottle.
Zhè shì tā de chāzi.	It's her fork.
Nǐ de húdié	Your butterfly.
Yóu shì tā de.	The oil is his.

TRAINING TIME

Dòngwù chī tā de shíwù	The animal eats its food
Zhè shì wǒmen de	This is ours
Wǒmen zài càidān shàng xiě	We write in our menu
Wǒmen de yìdàlì miàn shì zài pánzi shàng	Our pasta is on the plate
Zhè pǐ mǎ bùshì wǒmen de	The horse is not ours
Mìfēng shì wǒmen de	The bees are ours
Māo shì wǒmen de	The cat is ours
Tā de māo chī lǎoshǔ	His cat eats mice
Wǒ yǒu wǒmen de niú	I have our cow
Tā chīle zìjǐ de tángguǒ	She eats her own candy
Nǐ de dāo bù huì xuējiǎn	Your knife does not cut
Wǒmen de māo bù hē shuǐ	Our cat does not drink water
Tā yǒu zìjǐ de māo	He has his own cat
Nàgè nǚrén yǒu nǐ de yǎnjìng	The woman has your glasses
Wǒmen chī dàngāo	We eat our cake
Wǒ méiyǒu nǐ de píngzi	I don't have your bottle
Dòngwùmen chī zìjǐ de shíwù	The animals eat their own food
Zhège nánhái zhèngzài chī zìjǐ de bǐnggān	The boy is eating his own cookies
Nǐ de yāzi hē shuǐ	Your duck drinks water
Nǐ de dòngwù chī gèng duō de ròu	Your animal eats more meat
Wǒ bàba hējiǔ	My dad drinks wine
Píngguǒ shì wǒmen de	The apple is ours
Shì de, zhè bǐ qián shì wǒ de	Yes, this money is mine
Wǒ xiǎng yào wǒ de miànbāo	I want my bread

TRAINING TIME

STORY MODE

CHINESE

"Zhè jiàn yīfú gēn wǒ de yīyàng." Nǚshì shuō.
"Dà duōshù yīfú zài wǒmen de diàn lǐ dōu yǒu lèisì de xìwéi chābié...... Kàn, zhè shì yītiáo hóng sīdài, nǐ de shì lán sè de." Zhè wèi xiānshēng huídá dào.
"Bǐrú kàn nàgè rén. Tā hái wèi nǚ'ér mǎile lèisì de dōngxī, dàn tā yǒu yīgè kǒudài."
"Nǐ shì duì de, wǒ lǐjiě." Nǚrén shuō.

ENGLISH

"This dress is like mine." the lady said.
"Most clothes have similar nuances in our shop... Look, this is a red ribbon and yours is blue." The gentleman replied.
"Look at that man for example. He also bought something similar for his daughter, but it has a pocket."
"You are right, I understand." said the woman.

Chapter 5

CLOTHING

Keywords : Zhìfú, zhūbǎo, yīfú, máoyī, liányīqún, fúzhuāng, xié, kùzi, bāo, yāodài, shǒutào, chènshān, xuēzi, wàzi, kǒudài, jiákè, liángxié.

Kùzi	Pants
Lǐngdài	Tie
Pídài	Belt
Fúzhuāng	Clothing
Qúnzi	Skirt
Chènshān	Shirt
Xiézi	Shoes
Yīfú	Clothes
Shǒudài	Handbags
Màozi	Hat
Liángxié	Sandals
Màozi shì zǐsè de	The hat is purple
Lǐfú	The dress
Kǒudài	Pocket
Wǒ de xié	My shoes
Tā de kùzi	Her pants
Tā yǒu wǒ de wàitào	He has my coat
Wǒ de chènshān	My shirt
Wǒ de jiákè shì zōngsè de	My jacket is brown
Wǒ yǒu nǐ de yāodài	I have your belt
Wǒ de kùzi	My pants
Wǒ yǒuyītiáo qúnzi	I have a skirt
Wǒ yǒu yī jiàn chènshān	I have a shirt
Wǒ yǒu nǐ de xiézi	I have your shoes
Dāozi zài xiézi lǐ	The knife is in the shoe

TRAINING TIME

Tú céng	Coat
Jiákè	Jacket
Xuē	Boot
Zhìfú	Uniform
Wà	Stocking
Yī jiàn máoyī	A sweater
Shìhé	Suit
Wǒ yǒuyī bǎ yǔsǎn	I have an umbrella
Qiánbāo shì wǒmen de	The wallet is ours
Wǒ yǒu qiánbāo	I have my wallet
Wǒ yǒu zhūbǎo	I have jewelry
Tā mǎi xuēzi	She buys boots
Lán xié	Blue shoes
Wǒ de liángxié	My sandals
Shǒutào shì nǐ de	The gloves are yours
Zhège nánrén yǒu yīgè pígé qiánbāo	The man has a leather wallet
Zhè shì liángxié	This is a sandal
Tā de wàzi	His socks
Zhè shì yītiáo qúnzi	This is a skirt
Tā de qúnzi shì hóngsè de	Her skirt is red
Wǒmen de chènshān	Our shirt
Nǐ xūyào yītiáo báisè de qúnzi	You need a white skirt
Zhè jiàn yīfú shì tā de	This dress is his
Zhè běn shū shì hēisè de	This book is black
Tā chī hóng ròu	He eats red meat

TRAINING TIME

STORY MODE

CHINESE

Huang: "Nàxiē xié hěn piàoliang, kàn qǐlái hěn guì."

Zhū: "Shì de, wǒ xūyào xīn yīfú, suǒyǐ jīntiān wǒ qù gòuwùle."

Huang: "Tài bàngle! Nǐ hái mǎile shénme?"

Zhū: "Shǒuxiān, wǒ mǎile yī jiàn xīn de gōngzuòfú hé qùnián xiàtiān wǒ yào zhǎo de huáng dài. Ránhòu wǒ wèi wǒ fùqīn mǎile kùzi, báisè liányīqún, māmā de wàitào hé chènshān. Dāng wǒ líkāi shí, wǒ kàn dào yīshuāng qúnzi xiàmiàn de xuēzi, bìng juédìng wèi nǐ sòng shàng tāmen, hái yǒuyī jiàn máoyī."

Huang: "Fēicháng gǎnxiè, wǒ hěn gǎnjī."

"Jīntiān fēng hěn dà." Alessia xiǎojiě líkāi gòuwù zhòng xīn shí shuōdao."

"Zhè shì xiàtiān jíjiāng jiéshù de jīxiàng." Luò lǎng huídá dào.

"Wǒ xīwàng wǒ yǒuyī jiàn jiákè hé yīshuāng wàzi."

"Wǒ xiǎng wǒ de bāo li yǒu yīxiē wàzi." Luò lǎng xiānshēng shuō.

"Bié dānxīn, wǒ kěyǐ zài qítā fúzhuāng diàn mǎi yīgè, wǒ kěyǐ kàn dào yīxiē hǎo de yǎnjìng zài chuāngkǒu chūshòu!"

ENGLISH

Huang: "Those shoes are very beautiful, they seem expensive."

Zhu: "Yes, I needed new clothes, so today I went shopping."

Huang: "Fantastic! what else did you buy?"

Zhu: "First, I bought a new dress for work and the yellow belt I was looking for last summer. Then I bought pants, a white dress, a coat for my mother and a pair of shirts for my father. As I left, I saw the boots under a pair of skirts, and decided to get them for you, along with a sweater."

Huang: "Thank you very much, I appreciate it."

"Today is very windy." Miss Alessia said as they left the mall.

"This is a sign that summer is ending." Laurent answered.

"I wish I had a jacket and a pair of socks."

"I think I have some socks in my bag." Mr. Laurent said.

"Do not worry, I can buy one in that other clothing store, I can see some good glasses for sale at the window!"

Chapter 6

QUESTIONS

Keywords : What, where, who, why, how many.

Tí.	Question.
Shéi?	Who?
Wèishéme?	Why?
Nǎlǐ?	Where?
Zhège duōshǎo qián?	How much does this cost?
Yǒu duō shào nǚhái chī?	How many girls eat?
Nǐ chī duōshǎo miànbāo?	How much bread do you eat?
Ròu duōshǎo qián?	How much meat?
Yǒu duō shào nánhái chī yú?	How many boys eat fish?
Nǎ tiáo gǒu?	Which dog?
Zěnme yàng?	How?
Nǐ zěnme xiě?	How do you write?
Shéi dú?	Who reads?
Tā shì shénme?	What is it?
Zhè shì shénme?	What's this?
Nǎ yīgè?	Which one?
Nà tiáo shé zài nǎlǐ?	Where's the snake?
Chúshī zài nǎlǐ?	Where's the cook?
Dòngwùyuán zài nǎlǐ?	Where is the zoo?
Nǎge píngguǒ?	Which apple?
Zhège nánhái shì shéi?	Who is this boy?
Shéi shì hànzú?	Who is Han?
Nǐ shì shéi?	Who are you?
Nǐ zàidú shénme?	What are you reading?
Shéi zài hē niúnǎi?	Who's drinking milk?

TRAINING TIME

Dǎrǎo yīxià?	Excuse me?
Nǐ de qì'é shì nǎ yīgè?	Which one is your penguin?
Nǎxiē nánrén kànguò bàozhǐ?	Which men read the newspaper?
Nǎge nánhái?	Which boy?
Wǒ shì shénme?	What am I?
Nǐ de nǎ yī běn shū?	Which one is your book?
Tā wèishéme chídào?	Why is he late?
Nǎge hǎiguī?	Which turtles?
Nǐ zěnmeliǎo?	What's your problem?
Tā dúle zhège wèntí.	He read the question.
Wǒmen yǒu jǐ běn shū?	How many books do we have?
Yǒu shé me wèntí?	What's the problem?
Nǐ de wèntí méiyǒu dá'àn.	Your question has no answer.
Nǐ zài nǎ?	Where are you?
Nǐ shénme shíhòu chī de?	When do you eat?
Wǒ de huídá shì fǒudìng de.	My answer is no.
Dá'àn shì kěndìng de.	The answer is yes.
Cóng hé shí qǐ?	Since when?
Nǐ hé shéi yīqǐ?	Who are you with?
Tā duōdàle?	How old is he?
Yǒu duō shào nǚhái chī?	How many girls eat?
Wǒ yǒu gè wèntí.	I have a question.

TRAINING TIME

STORY MODE

CHINESE

"Hēi, Solange xiǎojiě! Zhè shì shípǐn yánjiū gùwèn liú chéng. Jīntiān, rúguǒ nǐ bù jièyì, wǒ xiǎng wèn nǐ jǐ gè wèntí."

"Shì de, jìxù."

"Xièxiè."

"Dì yīgè wèntí, nǐ yītiān zhìshǎo chī sāncì ma?"

"Shì."

"Dāng nǐ zuì tòngkǔ de shíhòu?"

"Zǎoshang, zhè jiùshì wèishéme wǒ cóng bù cuòguò zǎocān."

"Nǐ zài nǎlǐ chī zǎocān?"

"Gōngzuò zhōng."

"Nǐ xǐhuān shénme, jīdàn hé ròu lèi huò sùshí sānmíngzhì?"

"Jīdàn hé huǒtuǐ, wǒ bùshì sùshí zhǔyì zhě."

"Nǐ juédé jīdàn zěnme yàng? Zhǔ shú háishì chǎo?"

"Wǒ xǐhuān zhǔfèi. Qítā shíhòu, wǒ xiǎng chǎo."

"Nǐ mǎi shénme páizi de jīdàn?"

"SW jīdàn."

"Nǐ yī gè yuè mǎi jǐ xiāng?"

"Qī."

"Hézi duōshǎo qián?"

"Shí měiyuán."

"Nǐ kàn dào rènhé jīdàn pēngrèn biǎoyǎn ma?"

"Shì. Wǒ xǐhuān zhǔ jīdàn de jiǎndān fāngfǎ."

"Gǎnxiè nín de shíjiān."

ENGLISH

"Hey, Miss Solange! This is Liu Cheng, an advisor on food research. Today, I would like to ask you a few questions if you don't mind."

"Yes, continue."

"Thank you."

"First question, do you eat at least three times a day?"

"Yes."

"When you feel hungry the most?"

"In the morning, this is why I never missed breakfast."

"Where do you eat breakfast?"

"At work."

"What do you like, eggs and meat or vegetarian sandwiches?"

"Eggs and ham, I'm not a vegetarian."

"How do you like eggs? Cooked or fried?"

"I like to boil. Other times, I want to fry."

"What brand of eggs do you buy?"

"SW eggs."

"How many boxes do you buy for a month?"

"Seven."

"How much is a box?"

"Ten dollars."

"Do you see any egg cooking show?"

"Yes. I like the easy way to cook eggs."

"Thank you for your time."

Chapter 7

VERBS

Keywords : Wǒ kěyǐ, zǒu, zǒu, zuò, xǐhuān, wǒ míngbái.

Wǒ hē	I drink
Nǐ hǎo ma?	How are you?
Wǒ xiǎng yào yī fèn fānqié tāng	I want a tomato soup
Nǐ bùnéng	No, you can not
Shéi lái dào cāntīng?	Who came to the restaurant?
Nǐ zuòle yīgè sānmíngzhì	You make a sandwich
Wǒmen yǒuyīgè chúfáng	We have a kitchen
Tāmen yǒu shū	They have books
Wǒ yǒu yī bǎ dāo	I have a knife
Tāmen shì nánzǐhàn	They are men
Wǒ shìgè nǚhái	I am a girl
Nǐmen yǒu duōshǎo rén?	How many of you are there?
Wǒmen shì nánhái	We are boys
Nàgè nánrén zǒule	The man is gone
Wǒ bù zhīdào	I do not know
Nàgè nǚrén gěile nánhái bǐnggān	The woman gives the boy biscuits
Wǒ zhǎo bù dào nàgè nǚhái	I can't find the girl
Nà pǐ mǎ kànjiànle nà zhǐ māo	The horse saw the cat
Wǒ rènshì zhèxiē nǚrén	I know these women
Nánhái wènhòu	The boy greets
Tā nále wǒ de táng	She took my sugar
Kāfēi kuài dàole	The coffee is coming
Tā jiǎng	She speaks
Tā shuō	He said

Wǒ yào yīkuài niúpái	I ask for a steak

TRAINING TIME

Tā chuānzhuó wǒ de xiézi	She is wearing my shoes
Wǒ bù bǎ táng jiārù chá zhòng	I don't put sugar in tea
Tāmen méiyǒu xiǎngdào	They do not think
Nánrénmen xiǎng miànbāo shénme shíhòu dào?	The men think When does the bread arrive?
Wǒ bù míngbái wèishéme	I don't understand why
Dòngwù liú zài dòngwùyuán lǐ	The animals remain in the zoo
Wǒmen tīng dàole zhè zhǐ niǎo	We heard this bird
Tā líkāile tángguǒ	She left candy
Kāfēi jiātángle	The coffee is sweetened
Nǐ zài nǎlǐ chī miànbāo?	Where do you eat bread?
Wǒmen xiāngxìn	We believe
Tā líkāile nàgè nánhái	She left the boy
Wǒ yòng sháozi	I use a spoon
Wǒ jìdé càidān	I remember the menu
Tāmen shì rúhé shēnghuó de?	How do they live?
Nǐ chī	You eat
Nǐ gōngzuò	You work
Nǐ děngdài	You wait
Nǐ hē	You drink
Nǐ jìnqùle ma?	Did you enter?
Nǐ dǎkāi shū	You open the book
Tā chī wánliǎo wǎnfàn	He finished his dinner

Nǐ zěnme chī wán dàngāo?	How do you finish the cake?
Wǒmen wánchéngle dàngāo	We finish the cake

TRAINING TIME

Nàgè nǚrén chī yú	The woman eats fish
Shīzi xǐhuān chī ròu	The lion likes the meat
Wǒ chī yīgè píngguǒ	I eat an apple
Wǒmen hē	We drink
Nǐ gēn Filippo shuōhuà	You talk to Filippo
Nǐ xūyào shénme?	You need what?
Wǒmen děngzhe hē	We wait for the beverage
Wǒ xūyào nǐ	I need you
Wǒ xūyào yī pǐ mǎ	I need a horse
Wǒ shuō	I speak
Tā liú xiàle wàitào	She leaves the coat
Nàgè nǚrén jīngguò zhège nánrén	The woman passes the man
Tāmen xūyào yīfú	They need clothes
Tā xūyào yī jiàn wàitào	She needs a coat
Wǒ xǐhuān táng	I like sugar
Nǚhái děngzhe chī wǔfàn	The girl waits for lunch
Nǐ gēn Sara shuōhuà	You talk to Sara
Wǒmen xūyào nǐ	We need you
Wǒmen bù shuōhuà	We do not speak
Tā kàn qǐlái hé dú	She looks and reads
Tā zhǎo bù dào tā de yàoshi	She does not find her keys
Tā dàizhe shé dàole	He arrives with the snake
Wǒmen xǐhuān bōluó	We like pineapples
Tā dài lái tǔdòu	He brings potatoes
Tā dài láile miànbāo	He brings bread

TRAINING TIME

Wǒmen guānzhù nǐ	We follow you
Tā zǒu	She walks
Wǒ yuánliàng nǐ	I forgive you
Tāmen xǐhuān kāfēi	They like coffee
Zhège nǚhái chuān hǎo yīfú	The girl is dressed
Zhège rén zài tā zhī xià	The man is under him
Tā xǐhuān dòngwù	He likes animals
Tā tíngle xiàlái	She stopped
Tā shìguòle	He tried
Wǒ de huíguī jiù zài fùjìn	My return is nearby
Shīzi gǎndào jī'è	The lion feels hungry
Tāmen zhǎodàole tāngchí	They found the spoon
Wǒmen dàole	We arrive
Tíng xiàmǎ	Stop the horse
Wǒmen kàn càidān	We look at the menu
Tāmen dǎkāile zhè běnshū	They opened the book
Tāmen xǐhuān píngguǒ	They like apples
Wǒ kěyǐ dǎkāi	I can open
Wǒ dòngle	I move
Tā fùguòle	He paid
Zhège nánhái wàngle dài lái gǎibiàn	The boy forgot to bring change
Tā yǐjīng qùle	He is gone
Tā mǎi xié	She buys shoes
Tā gěile tā kǎpiàn	He gave him the card
Tā shuìjiào, wǒ zuò fàn	He sleeps and I cook

TRAINING TIME

Yǒu	Have
Xiě	Write
Wǒ pǎo	I run
Nǐ pǎo	You run
Wǒ shuìjiào	I sleep
Tāmen fù qián	They pay
Wǒmen shuìjiào	We sleep
Wǒ hé Jianlin yīqǐ wán	I play with Jianlin
Wǒ bú mǎi shālā	I do not buy salad
Tāmen wán	They play
Wǒmen hé mǎ yīqǐ wán	We play with horses
Tā zhèngzài dúshū	She is reading a book
Zhège nánrén yíngle yītiáo pídài	The man wins a belt
Nǚhái wèn dào	The girl asks
Wǒ zǒng shì huànxiǎngzhe	I always fantasize
Nánrén xǐhuān hújiāo fàn	Men like peppered rice
Wǒ zhǎnshì wǒ de fúzhuāng	I show my costume
Tā bù huì gǎibiàn	He will not change
Tā yǎngle zhège nóngchǎng	He raised the farm
Tā jièshàole mìshū	She introduced the secretary
Tā jièshàole zhè wèi nǚshì	He introduced this lady
Tā bù cúnzài	He does not exist
Tāmen chūxiàn zài wǎnshàng	They appear at night
Zhège nǚhái chángshì tāng	The girl tries soup
Nǐ gěi dǎoyǎn hē kāfēi	You give coffee to the director

TRAINING TIME

Wǒ mèng jiàn yī běn shū	I dream of a book
Tā shēngchǎn yángcōng	He produces onions
Tāmen pǐncháng mǐfàn	They taste rice
Xuéshēng zhǎnshì tāmen de zuòpǐn	Students show their work
Tāmen shēngchǎn miànbāo	They produce bread
Zhè fēicháng shúxī	This is very familiar
Tā yīkào tā de jiārén	She relies on her family
Tā zài xúnzhǎo tā de mǔqīn	She searches for her mother
Wǔcān cóng yī fēnzhōng kāishǐ	Lunch starts in one minute
Tā bù suànshù	He does not count
Wǒ zūnzhòng sījī	I respect the driver
Xiézi bù héshì	The shoes are not suitable
Jiézhǐ rìqí zài xīngqíwǔ jiéshù	Deadline ends on Friday
Wǒmen yīkào nǐ	We rely on you
Wǒ jīntiān kāishǐ	I started today
Tāmen kàn shì hěn zìrán	They seem natural
Wǒmen zūnzhòng nǐmen zhè yīdài	We respect your generation
Tā de qiānmíng	Her signature
Nǐ wèishéme bù jìnlái?	Why don't you come in?
Tā gōngyìng mǐfàn	He serves rice
Mén méiyǒu guānbì	The door does not close

Dǎng qǔjué yú jiànzhú shī	The party depends on the architect
Wǒmen tōule yīng'ér chuáng	We stole the crib
Nǐ lái de shíhòu méiguānxì	It doesn't matter when you come
Tāmen qiānle zhè běn shū	They signed the book

TRAINING TIME

Nánhái guānshàngle chuānghù	The boy closes the window
Tāmen dǎorù nǐ de jiégòu	They import your structure
Wǒ zài nǎlǐ qiānzì?	Where do I sign?
Tā gōngyìng kāfēi	He serves coffee
Mén méiyǒu guānshàng	The door is not closed
Nǐ xuǎnzé chǐcùn	You choose the size
Rúguǒ tā tīng dào nǐ dehuà	If he hears you
Fángzi li yǒuyī zhǐ gǒu	There is a dog in the house
Tā tíjiāole yīgè dáfù	He submitted an answer
Nǐ shì bùshì zuò zài dìbǎn shàng?	Are you sitting on the floor?
Wǒ de háizi zhèngzài kuàisù xuéxí	My child is learning quickly
Wǒmen qiúzhù yú lǎoshī	We turn to the teacher
Wǒ tīng nǐ	I listen to you
Tāmen bù tīng ma?	Do they not listen?
Wǒ mèimei xuéxí yánsè	My sister learns colors
Yīgè nǚhái huídá	One girl answered
Nǐ zài shuōhuǎng	You are lying

Tā jiěshìle zhège hángyè	He explained this industry
Nǐ xǐhuān píngguǒ háishì xiāngjiāo?	Do you like apples or bananas?
Wǒ bù piàn rén	I don't lie
Wǒ gěi tā guǒzhī	I give him juice
Dòngwù bù sāhuǎng	Animals do not lie
Wǒ yídòng bīngxiāng	I move the refrigerator
Nánháimen chéngzhǎng	The boys grow
Bǎobǎo kūle	The baby cries

TRAINING TIME

Wǒ tóngyì	I agree
Wǒmen tóngyì	We agree
Wǒ chànggē	I sing
Wǒ fēi	I fly
Wǒ xuéxí	I learn
Tā xiàole	He laughed
Míngtiān, wǒ jiěshì yuányīn	Tomorrow, I explain why
Wǒmen jiànlìle yīgè jiātíng	We build a family
Wǒmen gǎnxiè fǎguān	We thank the judge
Tāmen xiàwǔ xuéxí	They study in the afternoon
Tā zhù zài yī suǒ dà fángzi lǐ	She lives in a big house
Wǒmen dǎle gè nánrén	We hit a man
Mìshū tígōng kāfēi	The secretary provides coffee
Dāo zhuàng dàole qiáng shàng	The knife hit the wall
Tāmen zhù zài yīgè dà fángzi lǐ	They live in a big house

Wǒ tígōng tā de yìdàlì miàn	I offer her spaghetti
Dāo shāle yīgè nánrén	The knife killed a man
Wǒmen kǎo	We bake
Nǚháimen yīqǐ xuéxí	The girls learn together
Wǒ xiǎng shì zhèyàng	I think so
Yóudìyuán hé tā de nǚ'ér yīqǐ lǚxíng	The postman is on a journey with his daughter
Mǔqīn jiào tā de háizi	The mother teaches her child
Wǒ sòng shíwù	I send food
Nàgè nǚrén xǐngle	The woman woke up
Tā kànzhe niǎo er	He looks at the birds

TRAINING TIME

Tāmen bǎihǎo zhuōzi	They set the table
Xiézi shāng dàole nǚhái	The shoes hurt the girl
Wǒ jīntiān xùnliàn	I train today
Tā bǎihǎo zhuōzi	She set the table
Tā tígōng shíwù	He provides food
Wǒ zhàogù wǒ de zǔfù	I take care of my grandfather
Tā xùnliàn zhège nánhái	He trains this boy
Niǎo er zài wòshì lǐ fēi	Birds fly in the bedroom
Wǒmen xiàng yīng'ér yīyàng kūqì	We cry like babies
Tā bǎ yàoshi fàng zài kǒudài lǐ	He put the key in his pocket
Tā rìyǐjìyè dì xuéxí	He studied day and night

Nǐ xǐhuān mǐfàn háishì miànbāo?	Do you like rice or bread?
Mǔqīn bǎ yīng'ér guǒ zài tǎnzi lǐ	The mother wraps the baby in a blanket
Zhè jiārén yāoqǐng Zuòjiā gòng jìn wǎncān	The family invited the writer to dinner
Nǐ kàn dàole shénme?	What do you see?
Wǒmen zuò fàn	We cook
Wǒmen bù shuìjiào	We do not sleep
Nǐ kàn dàole tāmen	You see them
Tāmen tuīchíle wǔcān	They postponed lunch
Bù, nǐ bù qù	No, you don't go
Tāmen zhǔ tāng	They cook soup
Wǒ bú fù qián	I do not pay
Tāmen shībàile	They failed
Wǒmen duō cì shībàile	We failed many times
Wǒ méiyǒu shībài	I did not fail

TRAINING TIME

Tāmen zài nǎlǐ bǎoliú yán?	Where do they keep the salt?
Dēng shāole máojīn	The lamp burns the towel
Tā rènwéi wǒmen shì rén	He thinks we are human
Jiěmèimen yídòng jìngzi	The sisters move the mirror
Jiànzhú shī yídòng dēng	The architect moves the lamp
Wǒ zài píngzi lǐ zhuāng mǎnle yóu	I filled the bottle with oil
Fǎguān pànduàn zhǔjiào	The judge judges the bishop

Tā zhù zài wǒ jiālǐ	She lives in my house
Tā gǎijìnle càidān	She improved the menu
Tā dàizhe yīgè tīzi	She is carrying a ladder
Tāmen zhǔ jīdàn	They cook eggs
Tā chīle wǔfàn	He had lunch
Wǒ tīng bù dào	I can not hear
Tāmen dài shū	They carry books
Niǎo er bù huì yóuyǒng	Birds can't swim
Tā bù qímǎ	She does not ride horses
Tā zhàogù dòngwù	He takes care of animals
Tāmen yǒu shū	They have books
Nǐ tígōng shíwù	You provide food
Wǒmen bù pǎo	We don't run
Wǒmen xiǎng yào píngguǒ	We want apples
Shì de, wǒ qù	Yes, I go
Wǒ chī miànbāo	I eat bread
Nánháimen hē shuǐ	The boys drink water
Wǒ wèn yīgè wèntí	I ask a question

TRAINING TIME

Wǒmen zǒu ba	Let's go
Wǒmen kěyǐ ma?	Can we?
Wǒ kěyǐ	I can
Nín kěyǐ	You can
Nǐ bù zhǔ yā ma?	Don't you cook duck?
Wǒ bàba kěyǐ yóuyǒng, māmā kěyǐ zǒulùle	My dad can swim and your mother can walk
Háizimen kàn dàole xióng	The children saw the bear

Zhàngfū wěnle tā de qīzi	The husband kissed his wife
Wǒ zài píngzi lǐ zhuāng mǎnle shuǐ	I filled the bottle with water
Wǒ yǒuyī zhǐ dòngwù, tā shì yī zhǐ lǎoshǔ	I have an animal, it is a mouse
Nǐ xiǎng yào nǎ jiàn yīfú?	Which dress do you want?
Hán xiǎng yào yī zhǐ fěnhóng sè de zhīzhū	Han wants a pink spider
Nǐ zhīfù wǔcān fèiyòng	You pay for lunch
Bù, nǐ bù qù	No, you don't go
Hàn shuìjiào, Huáng rùn	Han sleeps, Huang runs
Wǒmen tuīchūle yī fèn xīn bàozhǐ	We launch a new newspaper
Gǒu wán	The dog plays
Háizi bú fù qián	Children do not pay
Nánhái bù zǒulù	The boy does not walk
Tā zǒule, wǒ zǒule	She is gone, I am gone
Nánháimen zài tīng	The boys are listening
Wǒmen bú fù qián	We do not pay
Nà rén zhǐzhe nà pǐ mǎ	The man pointed at the horse
Wǒmen zuò jiàng	We make sauce
Wǒ zhǎodàole nà zhǐ gǒu	I found the dog

TRAINING TIME

Zhīdào	Know
Zhǎo	Find
Yóuxì	Game
Yàngpǐn	Sample

Zàixià yǔ	It's raining
Wǒ zhīdào	I know
Zhè zhǐ niǎo bù huì shuōhuà	The bird does not speak
Bùyào pèng yángcōng	Don't touch the onions
Tāmen jiān jiào nǐ de míngzì	They scream your name
Wǒmen bù pèng jī	We do not touch the chicken
Dà xiàng xiǎng yào shuǐ	The elephant wants water
Māo méi tīngjiàn	The cat did not hear
Tā shuōhuà, tāmen shuōhuà	She speaks, they speak
Tāmen yánjiū zhèxiē shū	They study these books
Wǒmen zhǎodào shíwù	We find food
Háizimen wánshuǎ	The children play
Wǒ bù zhīdào	I do not know
Méi yán	No salt
Tāmen gēnsuí fùqīn	They follow their father
Nǚrén pǐncháng miànbāo	The woman tastes bread
Nǐ zhǎnshì nǐ de yāodài	You show your belt
Wǒ mèng jiànle wǒ de nǚ péngyǒu	I dreamt of my girlfriend
Tāmen chūxiàn zài wǎnshàng	They appear at night
Wǒ zài xúnzhǎo wǒ de gǒu	I am looking for my dog
Tāmen xiàng jiārén zhǎnshì	They show their family

TRAINING TIME

Wǒmen bāngzhù huíqù!	We help Go back!
Wǒ de āyí hěn gūdān	My aunt is lonely
Huáng guānbìle chuānghù	Huang closed the window
Wǒ zài nǐ hé tā zhī jiān	I am between you and him
Tāmen hěn ānquán	They are safe
Wǒmen zhèngzài chī wǎncān	We are eating dinner
Wǒmen jìdé wǒmen de zǔmǔ	We remember our grandmother
Tā zhèngzài xúnzhǎo tā de māo	She is looking for her cat
Tā guānshàngle mén	She closed the door
Nǎge mèngxiǎng?	Which dream?
Wǒ xiǎngdào nǐ	I think of you
Tāmen bù gěi shíwù	They don't give food
Gǒu bāngzhù nàgè rén	The dog helps that person
Chúshī chēng zhòng ròu	The chef weighs meat
Tā kànzhe chuāngwài	She looks at the window
Tā hé nàgè nǚhái zài yīqǐ	He is with the girl
Tāmen chángshì mǐfàn	They try rice
Wǒ chēng wǒ de érzi	I weigh my son
Tā zhǎnshìle zhèxiē xìnjiàn	He showed these letters
Wǒmen kàn càidān	We look at the menu
Wǒ jiēshòu shāfā	I accept the sofa
Wǒ zūnzhòng nǚxìng	I respect women
Tā bù jiēshòu	He does not accept
Tā nále wǒ de táng	She took my sugar

TRAINING TIME

Tā tànwàngle tā de jiārén	She visits her family
Tāmen hē	They drink
Wǒmen bù zhème rènwéi	We think not
Tā gěile shuǐ	She gives water
Wǒ dàizhe wǒ de gǒu huíláile	I came back with my dog
Tā zūnzhòng tā de qīzi	He respects his wife
Tā qù kànle yīshēng	He visited a doctor
Tā zhèng dàizhe màozi	She is holding a hat
Xióng bù shìhé chuān guòmén	The bear does not fit through the door
Shì de, sìhū hěn shúxī	Yes, it seems familiar
Tā míngtiān jiù yào kāishǐle	She will start tomorrow
Tā gōngyìng mǐfàn	He serves rice
Nǐ qùguò běijīng ma?	Have you been to Beijing?
Nǐ bù suànshù	You don't count
Běn yuè jiāng yú zhōuyī jiéshù	This month ends on Monday
Nǐ rènshì wǒ de nǚ'ér	You know my daughter
Xiézi bù shìhé	The shoes do not fit
Wǒ míngtiān kāishǐ	I will start tomorrow
Tāmen kàn shì hěn zìrán	They seem natural
Tā shǔ sānmíngzhì	He counts sandwiches

Wǒmen tígōng wǎncān	We serve dinner
Tā qiānle zhè běn shū	He signed the book
Jiǔ yuèdǐ	The end of September
Mǔqīn zhǐzé háizi	The mother blames the child
Tā tíjiāole zhè fēng xìn	She submitted this letter

TRAINING TIME

Tā duì tā yǒu shé me kànfǎ?	How does he feel about her?
Tāmen jìnkǒule tā de yīng'ér chuáng	They imported his crib
Tā bāokuò tā de mǔqīn	He includes his mother
Tā jìnle chúfáng	He enters the kitchen
Tāmen qiānle zhè běn shū	They signed the book
Wǒ sòng shíwù	I send food
Bù, yánsè bù chóng yào	No, color is not important
Tāmen bāokuò bùtóng de liányīqún	They include a different dress
Wǒ jìnkǒu nǎilào	I import cheese
Wǒmen qiānle tā de chènshān	We signed his shirt
Māmā, qǐng jìnlái	Mom, please come in
Zhè qǔjué yú	It depends
Tā shuō	He said
Míngtiān jiù kěyǐ kāishǐle	Tomorrow can begin
Wǒmen dǎkāi zhè běn shū	We open this book

Wǒ zhàngfū chídàole	My husband is late
Tā xūyào gōngzuò	It needs work
Wǒ shuō shì	I say yes
Nǐ dǎkāi mén	You open the door
Wǒmen míng tiān dào	We will arrive tomorrow
Nóngmín shuō zhè běn shū fēicháng hǎo	Farmers say this book is very good
Tāmen shénme shíhòu dàodá?	When will they arrive?
Tā xūyào gèng duō de shíwù	He needs more food
Nǐ shénme shíhòu huì huílái?	When will you come back?
Wǒ bú mǎi	I don't buy it

TRAINING TIME

Wǒ dǎkāi guǒzhī	I open the juice
Huàjiā yīlài tā	The painter relies on him
Nǐ xǐhuān xiàtiān ma?	Do you like summer?
Tā bìng bù huáiyí	He does not doubt it
Wǒmen huílái wǎnle	We came back late
Tā yào yīgè píngguǒ	She asks for an apple
Wǒ jiùle línjū	I saved my neighbor
Wǒ bù xǐhuān nàxiē shǒujī	I don't like those phones
Nà nánhái mǎile yītiáo gǒu	The boy bought a dog
Tā zhuāng mǎnle píngzi	She is filled with bottles
Wǒ huáiyí tā shìfǒu huáiyí	I doubt that he doubts
Wǒmen zhěngjiù dòngwù	We save animals

Zhè liàng gōnggòng qìchē tíng zài tiānjīn ma?	Is this bus parked in Tianjin?
Tā jìxù tā de wénjiàn	He continues his document
Tā yíngle èrshí měiyuán	He won twenty dollars
Wǒ wèn tā (guòqù shì	I asked him
Tā hùnhé yángcōng	He mixes onions
Tā yǒngyǒu yī liàng hóngsè jiàochē	She owns a red car
Tā bù wèn	He doesn't ask
Wǒ zhàn zài jiē shàng	I stand on the street
Tāmen hùnhé guǒzhī hé niúnǎi	They mix juice and milk
Wǒ zhù zài yīgè chéngshì	I live in a city
Tāmen jìxù	They continue
Nǐ zhuànle hěnduō qián	You make a lot of money
Nǐ wèn tóngyàng de shìqíng	You ask the same thing

TRAINING TIME

Nǐ yǔnxǔ gǒu ma?	Do you allow dogs?
Shéi shōu dàole tùzǐ?	Who received the rabbit?
Tā rènwéi wǒ shì péngyǒu	He thinks that I am a friend
Tāmen yòng táng	They use sugar
Tā zài tāng lǐjiā yán.	He added salt to the soup.
Zhè chē hěn yǒu jiàzhí	This car is very valuable
Nǐ zhù zài nǎlǐ?	Where do you live?
Wǒ de bànlǚ yǔnxǔ tā	My partner allows it

Nǐ yòng de shì diànnǎo	You use a computer
Tāmen rènwéi wǒ shì péngyǒu	They think I'm a friend
Tā zhù zài déguó	He lives in Germany
Wǒmen zhù zài zhèlǐ	We live here
Tā rènshì tā	He knows her
Wǒ huā qián	I spend money
Tā bù dǒng wǒ	He doesn't understand me
Tā méiyǒu huídá wǒ	She did not answer me
Sānmíngzhì hányǒu nǎilào	The sandwich contains cheese
Tā dǎbàile tā de péngyǒu	He defeated his friend
Zhè ràng hěnduō rén gǎn xìngqù	This makes many people interested
Wǒ bù míngbái	I do not understand
Tāmen dǎbàile tāmen de dírén	They defeated their enemies
Wǒ huāle tài duō qián	I spent too much
Nǐ bù míngbái wǒ de yìsi	You don't understand what I mean
Wǒ qièle píngguǒ	I cut the apple
Nǐ yùdìngle yī zhāng zhuōzi	You book a table

TRAINING TIME

Wǒ xiūxí	I rest
Wǒ chànggē	I sing
Wǒ tiào	I jump
Wǒ fēi	I fly
Wǒ huì kāichē	I will drive
Wǒ kāichē	I drive a car
Wǒ jùjué tā	I refuse him

Tā chǔlǐ háizi	He handles children
Tā gǎijìnle càidān	She improved the menu
Wǒ guānchá tā	I observe him
Tā shēnshǒu qù ná màozi	He reached for his hat
Tā yǐngxiǎngle wǒ	He influences me
Nǐ zěnmeliǎo?	What happened to you?
Wǒ zīxúnle wǒ de lǎobǎn	I consulted my boss
Wǒ xiǎng yào yīgè er zi	I want a son
Tā bǎoliúle zhuōzi	He kept the table
Wǒmen yīqǐ dùguò zhè yītiān	We spend this day together
Tā diūle yàoshi	She lost her key
Wǒ bù zhème rènwéi	I do not think so
Háizimen jīngguò zhèlǐ	Children go through here
Wǒ jiāng jiǔ chuán gěile wǒ mǔqīn	I passed the wine to my mother
Nǐ rèn chū tā de chènshān	You recognize his shirt
Bōlí hányǒu shuǐ	The glass contains water
Wǒ de nǚ'ér xiǎng yào yī pǐ mǎ	My daughter wants a horse
Tā guānchále tā de nǚ'ér	He observed his daughter

TRAINING TIME

Xiànzài tā huì chángshì zhège	Now he will try this
Zhège duōshǎo qián?	How much is it?
Píjiǔ duōshǎo qián?	How much is beer?
Tā zīxún ān délǐ yǎ	He consults Andrea

Tā bǎ shíwù liú zàile wǒ de jiālǐ	He left food in my home
Tā biǎoxiàn hěn hǎo	He performed well
Tāmen bǎihǎo zhuōzi	They set the table
Tā chuàngjiànle yīgè càidān	She creates a menu
Zhè zhǐ niǎo bù huì fēi	The bird does not fly
Niǎo er fēixiáng	Birds fly
Wǒ kěyǐ zài zhèlǐ	I can be here
Nǐ yǒngyuǎn bù huì shū	You will never lose
Tā duì féng bù hǎo	He is not good for Feng
Wǒ shǐyòng Lúndūn Dìtiě	I use London Underground
Wǒ de míngzì shì guówáng	My name is king
Zhège yuè míngtiān jiéshù	This month ends tomorrow
Tā rènwéi wéi shí yǐ wǎn	She thinks it's too late
Tā hé wǒ jiějiě yīqǐ zǒule	He walked with my sister
Tā zài zhè'er	He's here
Nǐ bù shǔyú zhèlǐ	You don't belong here
Nǐ bù xiāngxìn wǒ	You do not believe me
Wǒ zuò zhè jiàn chènshān	I do this shirt
Tā gēn péngyǒu yīqǐ zǒu	She walks with my friends
Tā dào xià	He fell
Tái qǐ tuōpán	Lift the tray

TRAINING TIME

Gǎnjué	Feel
Dào zhèlǐ	Go here
Shèjí fànwéi	Shooting range
Wǒmen juédìng	We decide
Wǒ de érzi bù hèn nǐ	My son does not hate you
Tā cā gān le xiézi	He dried his shoes
Yīshēng zhì hǎole wǒ	The doctor cured me
Wǒ bù xūyào wǒ de xìn	I don't need my letter
Tāmen tígōng gèng duō de qián	They provide more money
Tāmen měitiān dū chūmén	They go out every day
Wǒ bù xūyào gèng duō de ròu	I don't need more meat
Wǒ māmā yòng de shì kǎoxiāng	My mother uses the oven
Wǒ tǎoyàn xīngqí yī	I hate Monday
Tā qī diǎn qǐchuáng	She gets up at seven
Wǒ cā gān chènshān	I dry my shirt
Huǒchē jiǔ diǎn zhōng chūfā	The train leaves at nine
Tā xūyào tā	She needs it
Wǒ míngtiān líkāi	I am leaving tomorrow
Tā wèi wǒ kāile chē	She opened her car for me
Tā děngle wǔ nián	He waited five years
Wǒ fàngqìle shíwù	I discarded the food
Wǒmen xūyào yī zhāng zhuōzi	We need a table

TRAINING TIME

STORY MODE

CHINESE

Jīntiān shì chūntiān de dì yī tiān. Nánhái hàn hébó juédìng zài húpàn jiǔbā yǔ péngyǒu jiànmiàn qìngzhù xīn yījì. Zhào xiǎng hé tāmen yīqǐ qù, dàn tāmen bù tóngyì, yīnwèi tā tài niánqīng, bùnéng hējiǔ. Zài lùshàng, nánháimen kàn dào yī zhǐxióng zǒuxiàng tāmen. Rúguǒ zhào zài zhèlǐ, tā kěnéng yǐjīng yūn dǎo le, dànshì nánháimen děngzhe xióngjìngjìng de líkāi. Bùjiǔ zhīhòu, nánháimen zǒu jìn jiǔbā, kànzhe tāmen miànqián de zhēngchǎo.

"Nánrén fù qián, wǒ tiàowǔ, wǒ bú fù qián," ā délǐ ānnà hǎn dào.

"Ā délǐ ānnà bù kěnéng yǒu liǎng gèrén. Wǒmen bùnéng zhīfù gōngzī, réngrán kěyǐ miǎnfèi tígōng yǐnliào hé shípǐn. "Jiǔbā fùzé rén shuō.

"Méi wèntí, wǒmen jiāng zhīfù suǒyǒu fèiyòng." Hán lì shuō.

ENGLISH

Today is the first day of spring. The boys, Han and Bo, decided to meet friends at the lakeside bar to celebrate the new season. Zhao wanted to go with them, but they did not agree because he was too young to drink. On their way, the boys saw a bear walking towards them. If Zhao was here, he may have fainted, but the boys wait for the bear to leave quietly. Shortly after, the boys entered the bar and watched the argument in front of them.

"The man pays, I dance, I don't pay," Adriana shouted.

"It is impossible to have two, Adriana. We cannot pay salaries and still give drinks and food free." said the person in charge of the bar.

"No problem, we will pay all the fees." Han said.

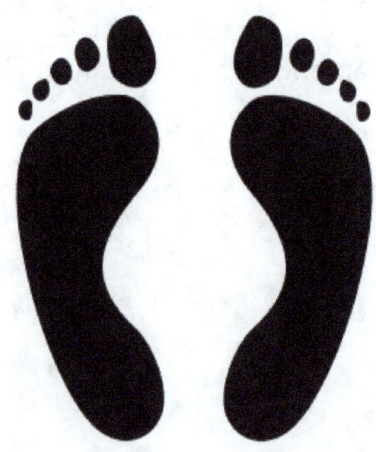

Chapter 8

PREPOSITIONS

Keywords : Cóng, zài, dào, yǔ.

Tāmen xiě xìn gěi nǚrén	They write to women
Nánháimen xiàng nánrénmen niàn dao	The boys read to the men
Wǒmen gěi yāzi zuò miànbāo	We give bread to the duck
Zhège nǚhái bù xǐhuān guǒzhī	This girl does not like juice
Shéi lái dòngwùyuán?	Who comes to the zoo?
Tāmen zhèngzài chī wǔfàn	They are having lunch
Wǒmen zhèngzài chī wǎncān	We are eating dinner
Wǒ xiǎngqǐ lì shā	I think of Lisa
Wǒ zài dòngwùyuán	I am at the zoo
Tā zhù zài mòxīgē	He lives in Mexico
Shéi xiāngxìn háizi?	Who believes in children?
Tāmen xiěle guānyú tā de wénzhāng	They wrote about her
Yóu zài píngzi lǐ	The oil is in the bottle
Wǒ hē chéngzhī	I drink orange juice
Wǒ zài bàozhǐ shàng	I am in the newspaper
Tā zài chúfáng zuò fàn	He cooks in the kitchen
Wǒ xiǎng yào yī pán mǐfàn	I want a plate of rice
Wǒmen cóng yǎnjìng hē	We drink from glasses
Wǒ láizì dòngwùyuán	I come from the zoo
Ròu láizì dòngwù	Meat comes from animals
Pánzi lǐ de shíwù	Food in the plate
Wǒ xiě de shípǔ	The recipe I wrote

Niúnǎi láizì nǎiniú	Milk comes from cows
Wǒ qùle mǎ	I went to the horse
Zhè shì gěi tā de	This is for her

TRAINING TIME

Shénme shíhòu?	When?
Chā zài pánzi shàng	Fork on a plate
Mǎyǐ táng	Ants on sugar
Zài yīgè píngzi lǐ de níngméng shuǐ	Lemonade in a bottle
Wǒmen xiāngxìn nánrén	We believe in men
Jù zhège nánhái shuō, tā bù chī jīròu	According to the boy, she does not eat chicken
Tā láizì cāntīng	She comes from the restaurant
Wǒmen bǎ táng fàng zài dàngāo shàng	We put sugar on the cake
Wǒmen cóng nánhái nàlǐ mǎi shuǐguǒ	We buy fruit from the boy
Yú shēnghuó zài shuǐzhōng	Fish live in water
Tāmen zài wǒmen zhī jiān	They are between us
Wǒ yòng yán lái zhǔ yú.	I use salt to cook fish.
Tā kànzhe nǐ	He looks at you
Jīdàn bùzài pánzi lǐ	Eggs are not on the plate
Wǒ zǒuxiàng tā	I walked to him
Jù tā shuō, zhè bùshì yú	According to her, this is not a fish
Ròu láizì yāzi	Meat comes from ducks
Chúle pútáojiǔ	In addition to wine
Chúle píjiǔ	In addition to beer
Wǒ yǒu yīgè nánrén de pánzi	I have a man's plate

Tā méiyǒu yóu chī shālā	She eats salad without oil
Tā yǒu mǎ	He has horses
Wǒmen tánlùn shūjí	We talk about books
Wǒ wèn tā guòqù shì	I asked him
Nǐ xiǎng yào yīxiē táng ma?	Do you want some sugar?

TRAINING TIME

Wǒmen zhù zài shuǐ biān	We live by the water
Zhīzhū zài qiáng shàng	The spider is on the wall
Zhèxiē shū láizì nǚxìng	These books are from women
Wǒmen zài wǎncān shí hēle jiǔ	We drank wine at dinner
Jǐnguǎn yánsè bùtóng, wǒmen háishì mǎi xié	Despite the different colors, we still buy shoes
Wǒmen chī jīròu fàn	We eat rice with chicken
Wǒ chī shuǐguǒ, chúle píngguǒ	I eat fruit, except apples
Nǐ bù jiātáng hé kāfēi ma?	Don't you have sugar and coffee?
Xuēzi de yánsè shì shénme?	What is the color of the boots?
Nǚhái de māo shì báisè de	The girl's cat is white
Chéngsè de mǎyǐ	Ants in orange
Nǚhái de xiézi shì hēisè de	The girl's shoes are black
Zhè bùshì nánrén de chàlù kǒu	This is not a man's fork
Nánhái de gǒu hē shuǐ.	The boy's dog drinks water.

Wǒ chīle nǐ de yīgè píngguǒ	I eat one of your apples
Nǔrén xǐhuān zhèxiē yīfú	Women like these clothes
Zhè shì yīgè méiyǒu gàizi de bōlí	This is a glass without a cover
Shéi xǐhuān yú de wèidào?	Who likes the taste of fish?

TRAINING TIME

Chapter 9

DATES AND TIME

Keywords : Zhōu, yuè, rì, nián, shíjiān.

Wǎn	Night
Tiān	Day
Rìqí	Date
Rìlì	Calendar
Cóng 7 yuè dào 9 yuè	From July to September
Jīntiān sì yuè jiéshù	April ends today
Sān yuè shì èr yuè dào sì yuè	March is between February and April
Míngtiān jiàn!	See you tomorrow!
Wǒmen shì zài yī yuè	We are in January
Zhè shì zuótiān de miànbāo	This is yesterday's bread
Wǒ zài yī yuèfèn yǔ tā gòng jìn wǎncān	I had dinner with him in January
Zuótiān shì nánrén, Jīntiān shì nǚrén	Yesterday it was a man and today it is a woman
Tāmen èr yuè chī shénme?	What do they eat in February?
Jīntiān sān yuè jiéshù	March ends today
Xiànzài shì bā yuè	It is August
Xiànzài shì shíyī yuè	It is now November
Jīntiān kěnéng bù huì jiéshù	May does not end today
Míngtiān shì xīngqísì	Tomorrow is Thursday
Wǒmen zài shí yuè xiě xìn gěi tāmen	We wrote to them in October
Zhè shì xīngqí yī	This is a Monday
Nǐ xīngqíliù shàngbān ma?	Do you work on Saturday?
Wǒ xīngqí'èr chī nǎilào	I eat cheese on Tuesday
Jīntiān shì xīngqí yī	Today is Monday
Jīntiān shì zhōu liù	Today is Saturday

Tā yú qùnián 12 yuè qùshì	He died in December

TRAINING TIME

Tánhuáng	Spring
Dōngjì	Winter
Wǒ xīngqíwǔ chī niúpái	I eat steak on Friday
Wǒmen xīngqísān chī nǎilào	We eat cheese on Wednesday
Jīntiān shì xīngqíwǔ	Today is Friday
Cāntīng zài liù yuè kāiyè	The restaurant opened in June
Jīnnián xiàtiān wǒ hé tā yīqǐ dùguò	I spent this summer with him
Wǒ zǎoshang hē kāfēi	I drink coffee in the morning
Jīntiān shì xīngqírì	Today is Sunday
Wǒ zhōngwǔ chīfàn	I eat at noon
Gǒu xǐhuān qiūtiān	Dogs like autumn
Zhège dàngāo shì xīngqítiān	This cake is for Sunday
Zài lúndūn, tā shì chūntiān	In London it is spring
Wǒ xiàwǔ chī qiǎokèlì	I eat chocolate in the afternoon
Wǒ wǎnshàng shàngbān	I work at night
Tā yīzhí gōngzuò dào wǔyè	He works until midnight
Zhōu wǔ hé zhōu liù wǎnshàng	Friday and Saturday nights
Shì dàngāo de shíhòule	It's time for cake
Wǒmen jīn wǎn yào qù nǎ'er?	Where are we going tonight?
Shāo děng piànkè!	Wait a moment!
Wǒ jīn wǎnshàngbān	I work tonight
Wǒ wǎn shàng shàngbān	I work at night
Jǐ fēnzhōng hé jǐ xiǎoshí guòqùle	Minutes and hours have passed

Měi gè xīngqí de yīzhōu	Week of the month
Xīngqí'èr shì yīzhōu zhōng de yītiān	Tuesday is a day of the week

TRAINING TIME

Miǎoguòle	The seconds pass
Zhè shì wǎncān shíjiān	It is dinner time
Jǐ fēnzhōng wǒ kěyǐ dǎrǎo nǐ ma?	Can i bother you for a few minutes?
Wǒ děng bùjíle	I can not wait anymore
Wǒmen měi xiǎoshí hè yī píng	We drink a bottle every hour
Yīgè shìjì bùshì yī nián	A century is not a year
Zài yīgè yuè	In a month
Jǐ fēnzhōng hé jǐ xiǎoshí guòqùle	Minutes and hours have passed
Shí nián jiéshùle jīntiān	The decade ends today
Pàiduì shì míngtiān	The party is tomorrow
Míngtiān shì wǒ de shēngrì	Tomorrow is my birthday
Qíxiàn yú 4 yuè jiéshù	The period ended in April
Jǐ nián huò jǐ gè yuè?	Years or months?
Jǐ gè shìjì guòqùle	The centuries pass
Tāmen gōngzuòle jǐ shí nián	They worked for decades
Jīntiān jǐ hào?	What is today's date?
Nǐ jīntiān zǎoshang lái wǎnle	You arrived late this morning
Wǎnle	It's late
Zàijiàn!	Goodbye!
Wǒ méi shíjiān	I do not have time
Yīgè yuè qián	One month ago
Tā měi zhōu dōu hé Wǒmen yīqǐ chīfàn	He eats with us every week

Nǐ jīntiān zǎoshang hēle shénme?	What did you drink this morning?
Zhège nǚrén yǒu yīgè rìlì	The woman has a calendar
Chūntiān shì yīgè jìjié	Spring is a season

TRAINING TIME

Fēnzhōng hé miǎo zhōng	Minutes and seconds
Yītiān zhōng de jǐ gè xiǎoshí	Hours of the day
Jǐ zhōu hé jǐ gè yuè	Weeks and months
Pòxiǎo	Breaking dawn
Zhè yījì	This season
Zài wǎnshàng	At night
Duōshǎo fēnzhōng?	How many minutes?
Tā xīngqīsì dǐdá	He arrived on Thursday
Qǐdiǎn zài nǎlǐ?	Where is the starting point?
Bā yuè hé jiǔ yuè shì yī nián zhōng de jǐ gè yuè	August and September are months of the year
Wǒ zài nàgè shíqí gōngzuòguo	I worked in that period
Wǒ zǎoshang zǒulù	I walk in the morning
Jīntiān jǐ hào?	What's the date today?
Tāmen qù cānjiā diànyǐng jié	They go to the festival
Wǒ xīngqí yī bù shàngbān	I do not work on Monday
Wǒ bù huì zài shí yuèfèn pǎo	I will not run in October
Yī fēnzhōng jiùshì piànkè	One minute is a moment
Xiàtiān shì wèile niánqīng rén	Summer is for youth
Tā de jìniàn rì shì qī yuè.	Her anniversary is July.

Shìjì de dànshēng	The birth of the century
Zhège zhōuqí yǒu duō zhǎng?	How long is the cycle?
Zhèxiē xìnjiàn méiyǒu rìqí	There are no dates for these letters
Yītiān zhōng de miǎo shù	The number of seconds in a day
Dōngtiān hěn zhǎng	Winter is long
Zhōuyī, zhōu'èr hé zhōusān	Monday, Tuesday and Wednesday

TRAINING TIME

Wǒ de érzi zhào yī suì.	My son Zhao is one year old.
Wǒ xūyào yī miǎo zhōng	I need a second
Shàng zhōu liù, wǒmen chīle ròu	Last Saturday, we ate meat
Yǒushí shì, yǒushí méiyǒu	Sometimes yes, sometimes no
Alberto zhōuyī hè zhōusān gōngyìng píjiǔ	Alberto drinks beer on Monday and Wednesday
Wǒmen méiyǒu yuēhuì	We have no date
Wǒ de āyí Lydia zuótiān láile	My aunt Lydia came yesterday
Shí yuè hé shí'èr yuè shì yī nián zhōng de jǐ gè yuè	October and December are months of the year
Sān yuè, sì yuè, wǔ yuè hé liù yuè	March, April, May and June
Wǒ de zǔmǔ èr yuè méipǎo	My grandmother does not run in February
Wǔ yuè de yīgè xīngqíwǔ	One Friday in May
Jiézhì jīnrì	As of today

Tā zài shíyī yuè xiě dào	He wrote in November
Wǒ bā yuè bù chī yú	I don't eat fish in August
Cóng 9 yuè dào 12 yuè	From September to December
Dōngtiān shì yīgè jìjié	Winter is a season
Wǒmen chīle yīhuǐ'er	We ate for a while
Gè fāng dōu bùshì míngtiān	All parties are not tomorrow
Wǒ zǎoshang zǒulù	I walk in the morning
Bā yuè jiàqī	Holidays in August
Wǒ zhōngwǔ chīfàn	I eat at noon
Wǒ jīntiān hé tā yuēhuìle	I dated her today

TRAINING TIME

STORY MODE

CHINESE

"Yī yuè, èr yuè hé sān yuè shì wǒ gōngzuò zhōng zuì hǎo de yuèfèn."

"Nǐ wèishéme zhème shuō?"

"Yīnwèi yǔjì yǐjīngguòle yī yuè. Qīnglǐ dìmiàn gèng róngyì, cǎo yě hěn gānzào. Zá cǎo bùnéng kuàisù shēngzhǎng.

Tiě hé shuǐní jiàgé jiàng zài 2 yuèfèn xiàdié, wǒ kěyǐ yǐ gèng dī de jiàgé gòumǎi gèng duō. 3 Yuèfèn, wǒ zhuànle yīdiǎn qián, zhè yǒu zhù yú jiākuài gōngzuò jìndù."

"Wǒ zhīdào, qítā jǐ gè yuè ne?"

"4 Yuèfèn, shítou de jiàgé piányíle. Gōngzuò cóng 6 yuè zhōngxún kāishǐ, yǔjì cóng 7 yuè dào 8 yuè kāishǐ. Jiǔ yuè hé shí yuè de jiàngyǔ zuìwéi jīliè, shí'èr yuè, wǒmen xiūxí yīxià."

11/18/2018

ENGLISH

"January, February and March are the best months of my work."

"Why do you say that?"

"Because the rainy season is over in January. It is easier to clean up the ground and the grass is dry. Weeds cannot grow quickly.

Iron and cement prices will fall in February, and I can buy more at lower prices. In March, I earn a little more, which helps speed up the work."

"I see, what about the other months?"

"In April, the price of stone was cheaper. Work begins in mid-June, and the rainy season begins from July to August. The rain is most intense in September and October, and in December, we take a break."

Chapter 10

FAMILY

Keywords : Fùqīn, mǔqīn, háizi, shūshu, biǎo dì, jiěmèi.

Jiātíng	Family
Fùqīn	Father
Mǔqīn	Mother
Érzi	Son
Nǚ'ér	Daughter
Értóng	Child
Nàgè xiōngdì	The brother
Jiěmèi	Sisters
Zǔfù	Grandfather
Zǔmǔ	Grandmother
Zhàngfū	Husband
Bǎobǎo	Baby
Tā hé wǒ mǔqīn shì Xiōngdì jiěmèi.	He and my mother are brother and sister.
Wǒ xiǎng yào yīgè er zi hé yīgè nǚ'ér.	I want a son and a daughter.
Wǒmen shì xiōngdì Jiěmèi	We are brothers and sisters
Wǒ fùqīn yǒu yījiā cānguǎn	My father has a restaurant
Wǒ de fùmǔ chī mǐfàn	My parents eat rice
Wǒ de nǚ'ér xiǎng yào Yīkuài shǒubiǎo	My daughter wants a watch
Wǒ mǔqīn de jiěmèi bù chī jīròu	My mother's sisters do not eat chicken
Tāmen shì wǒ de xiōngdì	They are my brothers
Wǒ yǒu yīgè mèimei	I have a younger sister
Tāmen de háizi hē niúnǎi	Their children drink milk
Wǒmen shì fūqī	We are husband and wife
Wǒmen shì táng xiōngdì	We are cousins

Tā bùshì wǒ de táng xiōng	He is not my cousin

TRAINING TIME

Nǐ hǎo yéyé!	Hello grandfather!
Wǒ shūshu de qīzi shì Wǒ gūgū	My uncle's wife is my aunt
Tāmen shì qīzi	They are the wives
Wǒmen qù nǎinai jiā	We go to grandma's
Wǒ hé yímā yīqǐ chīfàn	I eat with my aunt
Guǒzhī shì gěi wǒ nǎinai de	The juice is for my grandma
Māmā hé bàba zài nǎlǐ?	Where is Mommy and Daddy?
Wǒmen yǒu míngzì hé xìngshì	We have a first name and a last name
Wǒmen zěnme xiě tā de xìng?	How do we write her last name?
Nǐ jiù xiàng nǐ de mǔqīn	You are like your mother
Gǎnxiè bàba!	Thanks dad!
Tā jiù xiàng tā de mǔqīn	She is like her mother
Nǐ xìng shénme?	What is your last name?
Wǒ de zhínǚ yǒuyī zhǐ gǒu	My niece has a dog
Nàgè nánhái de gǒu	The boy's dog
Wǒmen yǒu yīgè er zi hé yī zhǐ māo	We have a son and a cat
Wǒmen shì tā de háizi	We are his children
Shéi shì nǐ de fùmǔ?	Who are your parents?
Zhào bùshì nǐ de fùqīn	Zhao is not your father
Wǒ de háizi láizì yìdàlì	My child is from Italy
Hán Hébǎo shì wǒ de érzi	Han Hebao is my son
Huáng bùshì wǒ de mǔqīn	Huang is not my mother
Zhu bùshì wǒ de fùqīn	Zhu is not my father

Shì de, Alberto shì wǒ de zhàngfū.	Yes, Alberto is my husband.
Xí shì wǒ de xiōngdì	Xi is my brother

TRAINING TIME

Wǒ shì tā de qīzi	I am his wife
Tāmen shì wǒ de shūshu	They are my uncles
Tā shì wǒ gūmā	She is my aunt
Tā hé wǒ māmā dōu shì jiěmèi.	She and my mother are sisters.
Nǐ shì wǒmen de qīzi	You are our wife
Bù, nǐ méiyǒu yīng'ér	No, you do not have babies
Wǒ de mǔqīn shì nǎinai	My mother is a grandmother
Huáng shì wǒ de zǔfù	Huáng is my grandfather
Wǒ de zǔmǔ shì luō shā.	My grandmother is Rosa.
Wǒ de jiārén láizì déguó	My family is from Germany
Xièxiè nǎinai	Thank you Grandma
Lán màozi shì gěi wǒ nǎinai de	The blue hat is for my grandmother
Tā bùshì wǒ de táng xiōng	He is not my cousin
Hán Hébǎo shì wǒ de táng xiōng	Han Hebao is my cousin
Zhào shì wǒ de táng xiōng	Zhao is my cousin
Zhè dǐng bái màozi bù shìhé wǒ de zǔmǔ	This white hat is not suitable for my grandmother
Wǒmen shì táng xiōngdì	We are cousins
Alberto hé Sonia yà yǒu yīgè háizi	Alberto and Sonia had a child
Wǒ de qīzi shì wǒ érzi de mǔqīn	My wife is the mother of my son

Shuō wán hòu, tā hé qīzi líkāile
Zhè tāng shì wèile xí.

After speaking, he and his wife left
The soup is for Xi.

TRAINING TIME

STORY MODE

CHINESE

Zhū: "Nǐ mèimei yì fēng gānggāng gěi Instagram fāle zhàopiàn. Lǐmiàn yǒu hěnduō rén, kàn qǐlái xiàng yīgè wěidà de quánjiāfú."

Huáng: "Shì de, yī wèi shèyǐng shī jīntiān lái dào wǒmen jiā. Wǒmen pāi zhàopiàn qìngzhù zǔfù de shēngrì." "Zuǒbiān shì wǒ de xiōngdì hé tā de qīzi, tāmen yǐjīng jiéhūn, gāng cóng tāmen de mìyuè huílái, tāmen de yòubiān shì wǒ de fùqīn, nǐ wúshù cì jiànguò tāmen."

"Zhège shì zhège jiātíng zhōng zuì niánqīng de chéngyuán, wǒ de zhínǚ sī tè lā. Tā zhǐshì yīgè nǚhái, dàn tā hěn piàoliang." "Zuò zài wǒ zǔfù pángbiān de shì wǒ de zǔmǔ, wǒ de mǔqīn, wǒ de shūshu hé wǒ de lǜshī. Zài dìbǎn shàng, wǒmen yǒu wǒ de táng xiōng hé wǒ de zhízi."

Zhū: "Zhè shì yī zhāng hěn bàng de quánjiāfú zhàopiàn."

Huáng: "Wǒ zhīdào, wǒ xǐhuān tā."

ENGLISH

Zhu: "Your sister Yifeng just sent a photo to Instagram. There are many people inside and it looks like a great family portrait."

Huang: "Yes, a photographer came to our house today. We took pictures to celebrate my grandfather's birthday."

"On the left are my brother and his wife, they are married and have just returned from their honeymoon, and on the right of them is my father, whom you have met countless times."

"This is the youngest member of the family, my niece Stella. She's just a girl, but she's very pretty."

"Sitting next to my grandfather was my grandmother, my mother, my uncle and my lawyer. And on the floor, we have my cousin and my nephew."

Zhu: "This is a great family photo."

Huang: "I know, I like it."

Chapter 11
COLOR

Keywords : Căisè, hēisè, báisè, hóngsè, huángsè, lán sè.

Yánsè shì lǜsè	The color is green
Zhè jiàn máoyī shì lán sè de	This sweater is blue
Yī jiàn cǎisè chènshān	A colored shirt
Wǒmen mǎi hēi kùzi	We buy black pants
Zhège nǚrén yǒu yītiáo zōngsè yāodài	This woman has a brown belt
Tā de wàzi shì huīsè de	Her socks are gray
Xiézi shì lán sè de	Shoes are blue
chéngzi	Orange
Yángmáo shì zǐsè de	The wool is purple
Zhè zhǐ niǎo shì huángsè de	The bird is yellow
Wǒ de chènshān shì báisè de	My shirt is white
Tā yǒu hóng kùzi	She has red pants
Zhè zhǐ māo bùshì báisè de	This cat is not white
Wǒ de bái chènshān zài nǎlǐ?	Where is my white shirt?
Tā de yīfú shì hēisè de	Her clothes are black
Wàitào shì fěnhóngsè de	The coat is pink
Dà xiàng shì huīsè de	The elephant is grey
Wǒ bù zhīdào nǐ zuì xǐhuān de yánsè	I don't know your favorite color
Tā chuānzhuó hóng sè de kùzi	She is wearing red pants
Tā shì xiāngtóng de yánsè	It is the same color
Tā de chènshān shì lǜsè de	Her shirt is green
Wǒ xǐhuān hēisè qúnzi	I like black skirts
Guàntóu shì báisè de	The cans are white

Shéngzi shì zōngsè de
Zǐsè shǒutào

The rope is brown
Purple gloves

Chapter 12

OCCUPATION

Keywords : Gōngzuò, xiǎochǒu, zhǐhuī, chuánzhǎng, jiànzhú shī, jīxiū gōng, zhǔrèn, gōngrén, mìshū, yánjiū rényuán, yīshēng, móxíng, shìbīng, jǐngchá.

Zhège xuéshēng	The student
Chuánzhǎng	Captain
Shǒuwèi	Guard
Zuòzhě	Author
Zuòjiā	Writer
Yìshùjiā	Artist
Gāi móxíng	The model
Quánwēi	Authority
Yīshēngmen	Doctors
Zhànshì	Warrior
Guówáng	King
Wángzǐ	Prince
Nóngmín	Farmers
Jiànzhú shī	The architect
Yánjiū rényuán	The researchers
Huàjiā	Painter
Zhuānyè rénshì	The professionals
Zhǔjiào	Bishop
Fǎguān	Judge
Lǎoshī	The teacher
Dúzhě	Reader
zhège xuéshēng	The student
Dàibiǎo	Representative
Qǐyè jiā	The entrepreneur
Jǐngchá	Policemen

TRAINING TIME

Xiàozhǎng	The principal
Tā shì yī míng gōngchéngshī, tā shì yī míng jiànzhú shī	He is an engineer and she is an architect
Nóngmín yǔ niú hé jī yīqǐ gōngzuò	The farmers work with cattle and chickens
Gōngchéngshī shuō shénme?	What does the engineer say?
Tā shìgè yúfū	She is a fisherman
Tā yǔ jǐngwèi tánhuà	He talks with the guard
Nǐ shì fángdōng?	Are you the host?
Nǐ shìgè xiǎochǒu	You are a clown
Nóngmínmen kàn bàozhǐ	The farmers read the newspaper
Wǒmen de xiōngdì shì yī míng jīxiè shī	Our brother is a mechanic
Jǐngchá yǒu lán sè chènshān	The police have blue shirts
Shuǐguǎn gōng chī shénme?	What does a plumber eat?
Wǒmen bùshì yóuchāi	We are not postmen
Shéi shì nǐ de lǜshī?	Who is your lawyer?
Wǒ jiějiě méi gōngzuò	My sister did not work
Jīnglǐ zài nǎlǐ?	Where is the manager?
Shéi shì gōngrén?	Who is the worker?
Wǒ qù kàn yīshēngle	I went to see a doctor
Yú shì nǐ de tèsè	Fish is your specialty
Wǒ de zhàngfū bùshì mìshū	My husband is not a secretary
Wǒ zhàngfū shì yánjiùyuán	My husband is a researcher
Wǒ de shūshu hé gūgū dōu shì yīshēng	My uncle and my aunt are doctors
Wǒ rèn shí yī wèi yánjiùyuán	I know a researcher
Zuòzhě xiě dào	The author wrote

Yúfū hè yībēi kāfēi. — The fisherman drinks a cup of coffee.

TRAINING TIME

Chuánzhǎng de huídá jīntiān dàole	The captain's answer arrived today
Nǐ fùqīn shì nóngmín	Your father is a farmer
Nǐ shì yī míng jiànzhú shī	You are an architect
Wǒ māmā zài děng yóudìyuán	My mother waits for the postman
Tā de zhíyè shì shénme?	What is her career?
Tā shì wǒ de gùwèn	She is my advisor
dá'àn shì jiùyè	The answer is employment
Guānzhòng xiǎng yào níngméng shuǐ	The audience wants lemonade
Guānzhòng yú zhōu sì dǐdá	The audience arrived on Thursday
Zhuānjiā yǔ guówáng jiāotán	The expert speaks with the king
Wǒ xūyào yī wèi lǜshī	I need a lawyer
Tā shì jǐngfāng de fǎyán rén	He is a spokesman for the police
Tā shì běn shìjì de lǐngdǎo zhě	He is the leader of this century
Wǒ bùshì jìzhě	I am not a reporter
Shàngxiào hé dǎoyǎn shuōhuà	The colonel and director speak
Wǎn'ān, bójué fūrén	Good night, Countess
Wǒ shì rìnèiwǎ de dàibiǎo	I am a representative of Geneva
Lǎoshī kàn dào tāmen de xuéshēng	The teacher sees their students
Tāmen shì lǐngdǎo zhě	They are leaders
Tāmen shì yìshùjiā	They are artists
Tā shì yī míng jiàoshī	She is a teacher

Nǐ shì mótè ér ma?	Are you a model?
Tā shìgè shāngrén	He is a businessman
Nǐ shì yīshēng	You are a doctor
xuéshēng chīfàn	The students eat

TRAINING TIME

Miànbāo	Bread
Yìshùjiā	The artist
Wángzǐ	The prince
Tāngchí shì guówáng	The spoon is for the king
Wǒ de mǔqīn hé gūgū dōu shì lǎoshī	My mother and my aunt are teachers
Xuéshēng hē shuǐ	The students drink water
Tā shì xuéshēng	He is a student
Zuòjiā hējiǔ.	The writer drinks wine.
Tā hé yīshēng tánhuà	He talks with the doctor
Lǎoshī zǎoshang hǎo	Good morning teacher
Shā lā hé kèlǐsīdì nà shì nǚ jǐngchá	Sarah and Christina are policewomen
Lǎoshī chī sānmíngzhì	The teacher eats a sandwich
Shéi shì jiǎnchá guān?	Who is the prosecutor?
Tāmen shì mótè	They are models
Tā shì yī míng mìshū	He is a secretary
Wǒmen shì lǎoshī	We are teachers
Wǒ xūyào yīgè yīshēng	I need a doctor
Xuéshēngmen chī miànbāo	The students eat bread
Nǐ yǒu jǐ gè lǎobǎn?	How many bosses do you have?
Tā shì wǒ de mìshū	She is my secretary
Fredo shì yī míng jǐngchá	Fredo is a policeman
Nǐ yǒu yīgè mìshū	You have a secretary

Nǚwáng bù hē píjiǔ	The queen does not drink beer
Lǎoshī chī píngguǒ	The teacher eats apple
Tā shì wǒ de lǎobǎn	She is my boss

TRAINING TIME

Huàjiā	The painter
Nóngmín	The farmers
Dà chú	The chef
Wǒ shì jìzhě	I am a reporter
Tā yǔ jǐngwèi tánhuà	He talks with the guard
Shīrén xiěle yī fēng xìn	The poet wrote a letter
Wǒ de shūshu shì zhè běn shū de zuòzhě	My uncle is the author of this book
Wǒ shìgè shāngrén	I am a businessman
Jiàoshòumen dú dàole	The professors read
Wǒ bùshì jiàoshòu	I am not a professor
Patricia shì yī míng fǎguān	Patricia is a judge
Shìbīngmen chīfàn	The soldiers eat
Nǐ shì zuòjiā ma?	Are you an author?
Wǒ de fùqīn shì yī wèi shīrén	My father is a poet
Wǒmen shì jiàoshòu	We are professors
Wǒ de shūshu shì yī míng gùyuán	My uncle is an employee
Shéi shì nǐ de lǜshī?	Who is your lawyer?
Shàngxiào yǔ shìbīng jiāotán	The colonel talks with the soldiers
Bù, pèi dé luó bùshì yǎnyuán. Tā shì yī wèi shīrén.	No, Pedro is not an actor. He is a poet.
Tāmen shì yìshùjiā	They are artists
Wǒ yǒu lǜshī	I have a lawyer
Tā de yuángōng xiě xìn	His employees write letters
Angelo hé zhào shì yìshùjiā	Angelo and Zhao are artists

Chúshī chī ròu	The chef eats meat
Wǒ mèimei shì wǒ de lǜshī	My sister is my lawyer

TRAINING TIME

Wǒ shì gǒu de zhǔrén	I am the owner of the dog
Shéi shì dàilǐ rén?	Who is the agent?
Tāmen shì zhuānjiā	They are experts
Zhǐhuī guān chī júzi	The commander eats oranges
Ròu shì tāmen de tèsè	Meat is their specialty
Yìshùjiā hé huàjiā	Artists and painters
Zhǔrén yǒuyī pǐ mǎ	The owner has a horse
Wǒ de mǔqīn shì yī wèi niǎo lèi zhuānjiā	My mother is a bird expert
Shì de, wǒ shì gōngchéngshī hé mùjiàng	Yes, I am an engineer and a carpenter
Shì de, wǒ shūshu Wèi Shì dàilǐ rén	Yes, my uncle Wei is an agent
Shíjiàn fēicháng zhòngyào	Practice is very important
Shì de, Hán shì yīgè miànbāo shī	Yes, Han is a baker
Wǒ shì lǎoshī	I am a teacher
Tāmen shì jì piào yuán	They are tellers
Tā shì wǒ de hùshì ma?	Is she my nurse?
Zhè bùshì wǒ de zhíyè	This is not my profession
Paul shì yī wèi mùshī	Paul is a priest
Tā shìgè miànbāo shī	She is a baker
Tāmen shì shōuyín yuán	They are cashiers
Tāmen bùshì yùndòngyuán	They are not athletes

Mùshī bù hē píjiǔ	A priest does not drink beer
Nǚ jìsī yǒuyī zhǐ hēi māo	The priestess has a black cat
Wǒ de nǚ'ér shì nǚ fúwùyuán	My daughter is a waitress
Wǒ de shūshu bùshì nóngmín. Tā shìgè miànbāo shī.	My uncle is not a farmer. He is a baker.

TRAINING TIME

Gōngrén	Worker
Shuǐguǎn gōngrén	Plumber
Yóuchāi	Postman
Xiǎochǒu	Clown
Mùshī xiě shū	Priests write books
Wǒ de nǚ péngyǒu shì sījī	My girlfriend is a driver
Wǒ shì fúwùyuán	I am a waiter
Bù, wǒ gēgē dà wèi bùshì mùjiàng	No, my brother David is not a carpenter
Tā de pèi'ǒu shì sījī	His spouse is a driver
Bào bùshì gōngchéngshī, tā shì hùshì	Bao is not an engineer, he is a nurse
Nǐ de shūshu bùshì hùshì. Tā shì yī míng chúshī	Your uncle is not a nurse. He is a chef
Bù, Leo hé Sofia bùshì yùndòngyuán	No, Leo and Sofia are not athletes
Harry shì yīngguó gōngchéngshī	Harry is a British engineer
Carlos bùshì yǎnyuán, tā shì xuéshēng	Carlos is not an actor, he is a student
Tā tán dàole tā de yuánzé	He talks about his principles
Nǐ yǒu yīgè měihǎo de huíyì	You have a good memory

Tā xiàng wǒ jiěshìle zhèxiē tiáokuǎn	She explained these terms to me
Tā shì yī míng yóudìyuán	He works as a postman
Mìshū hē kāfēi.	The secretary drinks coffee.
Wǒ de nǚ'ér shì yī míng nǚ jǐng	My daughter is a policewoman
Zhè shì wǒmen de zhuāncháng	This is our expertise
Wǒ de shūshu shì zhǔrén	My uncle is the host
Wǒmen bùshì yóuchāi	We are not postmen
Wǒ shì yī míng jǐngchá	I am a police officer

TRAINING TIME

STORY MODE

CHINESE

Rodrigo: "Nǐ de fùmǔ zài nǎlǐ gōngzuò?"

Luca: "Wǒ fùqīn shì lǜshī, mǔqīn yěshì lǜshī."

Rodrigo: "Hái yǒu nǐ de xiōngdì jiěmèi?"

Luca: "Wǒ de jiějiě shì mìshū, ér wǒ gēgē shì huàjiā."

Rodrigo: "Nǐ ne?"

Luca: "Dào mùqián wéizhǐ, wǒ yǐjīng chūbǎnle liǎng běn shū, suǒyǐ wǒ kěyǐ chēng zìjǐ wèi zuòjiā."

Rodrigo: "Nǐ zhǎng dà hòu xiǎng chéngwéi bié de shénme ma?"

Luca: "Wǒ xǐhuān hěnduō rén. Fǎguān, yìshùjiā, yǎnyuán, gōngchéngshī, chúshī shènzhì shìbīng.

Dāng wǒ háishì gè háizi de shíhòu, wǒ xǐhuān hòu zhě hé tāmen de qiāng. Zhè duì wǒ lái shuō shì zuì xīyǐn rén de. Dàn wǒ mǔqīn bù tóngyì. Tā xiǎng ràng wǒ chéngwéi yī míng yīshēng huò dàxué jiàoshòu.

Wǒ wúfǎ xiǎngxiàng hěn zhǎng yīduàn shíjiān de xuéxí, suǒyǐ wǒ dúle bié de dōngxī. Dāng wǒ wánchéng xuéyè hòu, wǒ de dì yī fèn gōngzuò shì túshū guǎnlǐ yuán, ránhòu shì sījī, wǒ zhōngyú zhǎodàole yī fèn dàilǐ gōngzuò."

ENGLISH

Rodrigo: "Where do your parents work?"

Luca: "My father is a lawyer and my mother is also a lawyer."

Rodrigo: "And your siblings?"

Luca: "My older sister works as a secretary, while my brother is a painter."

Rodrigo: "And you?"

Luca: "So far I have published two books, so I can call myself an author."

Rodrigo: "Do you want to be anything else when you grow up?"

Luca: "I like a lot of people. Judges, artists, actors, engineers, cooks and even soldiers.
When I was a kid, I liked the latter and their guns. This is the most fascinating to me. But my mother disagreed. She wanted me to become a doctor or a university professor.
I can't imagine studying for a long time, so I read something else. When I finished my studies, my first job was a librarian and then a driver, and I finally found a job as an agent."

Chapter 13

MEASURES

Keywords : Dìtiě, yīnglǐ, gōnglǐ, gōngjīn, zǒngshù.

Shēndù	Depth
Gāodù	Height
Yī gōngjīn	One kilogram
yī mǐ	One meter
Cèliáng	Measuring
Tā hěn xiǎo, wǒ hěn dà	She is small, and I am very big
Dà xiàng shì yī zhǒng jùdà de dòngwù	The elephant is a huge animal
Wǒmen yòng yī kè chá	We use one gram of tea
Tā yǒudiǎn miànbāo	She has a bit of bread
Shèng xià duōshǎo límǐ?	How many centimeters are left?
Nǐ zuòle cèliáng	You do the measurement
Límǐ hé yīngcùn	Centimeters and inches
Wǒmen zhīdào yīnliàng	We know the volume
Wǒmen yǒuyī kè táng	We have one gram of sugar
Zài gébì de fángjiān lǐ	In the next room
Nǎ zhǒng dòngwù xiǎo?	Which animal is small?
Wǒ děngle jǐ gè xiǎoshí	I waited for a few hours
duōshǎo mǐfàn?	How much rice?
Wǒmen shǐyòng gōnglǐ	We use kilometers
duōshǎo gōngjīn?	How many kilograms?
Zhàn zǒng shǔ de sì fēn zhī yī	One quarter of the total
Wǒ de lìng yībàn	My half
Zhè duì wǒ lái shuō yěshì yīyàng de	This is the same for me
Wǒmen kàn yīxià zǒngshù	We look at the total number
Zhè shì shuāngfāng de	These are the two sides

Gōnglǐ	Kilometers
Yī yīnglǐ duō cháng shíjiān?	How long is a mile?
Wǒ chúfáng li yǒuyī shēng yóu	I have a litre of oil in the kitchen
Shuāng nóng kāfēi, xièxiè	Double espresso, thanks
Chúfáng lǐ méishénme	Nothing in the kitchen
Shuāng nóng kāfēi shìhé tā	The double espresso is for her
Wǒ de bāo lǐ shénme dōu méiyǒu	There is nothing in my bag
Wǒ yǒu yīdiǎn bái qiǎokèlì	I have a little white chocolate
Mén de kuāndù shì 80 límǐ	The width of the door is 80 centimeters
Shēndù fēicháng zhòngyào	Depth is very important
Yī dūn yǒu yīqiān gōngjīn	One ton has a thousand kilograms
Nǐ xiǎng yào wǒ de bàn gè píngguǒ ma?	Do you want my half apple?
Bā cì shì sì cì liǎng cì	Eight times is four times twice
Zhè shì yīgè jīdàn de dàxiǎo	This is the size of an egg
Fángjiān yǒu fāngxíng	The room has a square shape
Wǒmen dédào duōshǎo gōngjīn ròu?	How many kilograms of meat do we get?
Shénme shì xīn de sùdù?	What is the new speed?
Wǒ de jiǔ jiào li yǒusān lìfāng mǐ de mùchái	There are three cubic meters of firewood in my cellar
Zhè shì yī běn liǎng juǎn de xiǎoshuō	This is a two-volume novel

Guǎngchǎng de liǎng cè shì xiāngděng de
The sides of the square are equal

Wǒjiā de gāodù shì qī mǐ
The height of my home is seven meters

TRAINING TIME

STORY MODE

CHINESE

"Fādòngjī de yùnzhuǎn sùdù yǒu duō kuài?" Yínfà gōngchéngshī Makkonen jiàoshòu yāoqiú zài Eliseu dàqiáo shàng cèshì tā de zuìxīn fāmíng.

"Dàyuē měi xiǎoshí 9 gōnglǐ." Zhùlǐ shuō, dāng tā ná qǐ yīgè dàxíng chēsù biǎo shí.

"Hǎibá 8 gōnglǐ de gāodù yāoqiú shì duōshǎo?" "Sì dào shí yīngchǐ zhǎng, xiānshēng." "Hǎo de, xiànzài, tā yǔ qián yīgè xiāng bǐ rúhé?" Makkonen jiàoshòu wèn dào.

"Zhè tōngcháng qǔjué yú qí kuāndù hé hán shuǐliàng. Zài zhè yīdiǎn shàng, liǎng zhě jīhū xiāngtóng, cóng 64 bàng dào 63 bàng. "Zhùlǐ jiěshì dào.

"Shì de, dànshì tā xiāohàole qiánrèn qiángdù de sān fēn zhī yī, zǒng jùlí gèng dà: Cóng 90 límǐ dào 2 mǐ, ér bùshì cóng 50 límǐ dào 1 mǐ, suǒyǐ cúnzài chāyì." Jiàoshòu shuō.

Zhùlǐ ná qǐ bǐjìběn, lǎocǎo dì xiěle jǐ gè shùzì. "Yěxǔ wǒmen hái yīnggāi jiāng chángdù zēngjiā yībàn, xiānshēng, wèile kōngqì dònglì xué de mùdì."

"Díquè, wò'ērtè, ràng wǒmen xiànzài jiù kāishǐ gōngzuò." Jiàoshòu huídá dào.

ENGLISH

"How fast does the engine run?" asks Prof. Makkonen, a silver hair engineer, to test his latest invention on the Eliseu Bridge.

"About nine kilometers an hour." The assistant said when he picked up a large speedometer.

"What is the height requirement for eight kilometers below sea level?"

"Four to ten feet long, sir."

"Okay, now, how does it compare to the previous one?" asked Professor Makkonen.

"This usually depends on its width and water content. At this point, the two are almost the same, from 64 pounds to 63 pounds." the assistant explained.

"Yes, but it consumes a third of its predecessor's intensity, and the total distance is greater: from 90 centimeters to two meters, instead of from 50 centimeters to one meter, so there is a difference." said the professor.

The assistant picked up the notebook and scribbled several numbers.

"Perhaps we should also increase the length by half, sir, for the purpose of aerodynamics."

"Indeed, Walter, let us work now." the professor answered.

Chapter 14

HOUSEHOLD

Keywords : Yángtái, yǐzi, chuáng, fángjiān, kǎoxiāng, wūdǐng, mén, féizào, mén, chuānglián, shūzhuō, yágāo, yùshì, lóutī, chuānghù, gōngyù, qiángbì, yùgāng, guāng.

Wū	House
Bōlí	Glass
Dāo	Knife
Diànhuà	Phone
Bēizi	Cup
Sháo	Spoon
Pēnquán	Fountain
Diànshì	TV
Guō	Pot
Shāfā	Sofa
Chuānglián	Curtain
Biǎo	Table
Mén	Door
Dìtǎn	Carpet
Tái	Desk
Yǐzi	Chair
Chuáng	Bed
Chúfáng	Kitchen
Chuāngkǒu	Window
Dēng	Lamp
Jiàn	Key
Guāng	Light
Jìngzi	Mirror
Tiānhuābǎn	Ceiling
Dìshàng	Above ground

TRAINING TIME

Qiáng	Wall
Kǎoxiāng	Oven
Wòshì	Bedroom
Cèsuǒ	Toilet
Wǒ de zhī xíng diàodēng	My chandelier
Nǐ de dāo	Your knife
Wǒ de shǒujī fēicháng dà	My phone is very big
Wǒ de sháozi shì báisè de	My spoon is white
Wǒ yǒu yīgè yùgāng	I have a bathtub
Māo zài dìtǎn shàng	The cat is on the carpet
Wǒ zài yángtái shàng	I am on the balcony
Wǒmen zhù zài yīgè gōngyù lǐ	We live in an apartment
Wǒ xiǎng yào wǒ de tǎnzi	I want my blanket
Wǒ érzi xiǎng yào yī zhāng lǜsè de chuáng	My son wants a green bed
Dìtǎn shì lán sè de	The carpet is blue
Wǒ de shūshu zhù zài yī jiàn gōngyù lǐ	My uncle lives in an apartment
Wǒ chúfáng lǐ méiyǒu dìtǎn.	I have no carpet in my kitchen.
Shuǐ hěn qīngchè	The water is very clear
Nǐ zǒule, wǒ yào zǒule.	You are gone, I am leaving.
Wǒ yòng yī bǎ yǐzi	I use a chair
Tā mǎile yī dǐng zhàngpéng	He bought a tent
Jīntiān shì yángguāng cànlàn de rì zi	Today is a sunny day
Māo chī zài dìtǎn shàng	The cat eats on the carpet
Wǒ zài zhuōzi shàng kànle yī běn shū.	I read a book on the table.

Nǐ dǎkāi mén — You open the door

TRAINING TIME

Wǒmen jìnrù nǐ de zhàngpéng	We enter your tent
Dàngāo fàng zài bīngxiāng lǐ	The cake is in the fridge
Jiājù zài nǎlǐ?	Where is the furniture?
Wǒmen méiyǒu nuǎnqì	We don't have heating
Wǒ zài ménkǒu	I am by the door
Tā zhǎo bù dào tā de yàoshi	She can't find her key
Mǎ zài ménkǒu	The horse is at the door
Yùshì lǐ de dēng shì lǜsè de	The lights in the bathroom are green
Tāmen méiyǒu jiājù	They don't have furniture
Tāmen yǒu yàoshi	They have keys
Fángjiān li yǒu diànhuà ma?	Is there a phone in the room?
Xǐ fǎ shuǐ zài nǎlǐ?	Where is the shampoo?
Wǒmen mǎi báisè zhěntou	We buy white pillows
Xǐ fǎ shuǐ zài xǐshǒujiān	The shampoo is in the bathroom
Hóngsè de wūdǐng shì wǒ shūshu de	The red roof house is my uncle's
Jìngzi zài nǎlǐ?	Where is the mirror?
Wǒ yǒu yīgè zhěntou	I have a pillow
Nǐ yǒu jǐ gè diànhuà?	How many calls do you have?
Nǐ yǒu tīzi ma?	Do you have a ladder?
Zài yùgāng lǐ féizào	Soap in the bathtub
Wǒ xiǎng yào yī zhāng shāfā	I want a sofa
Chúfáng shì nǐ de	The kitchen is yours

Qiáng shì hóngsè de	The wall is red
Wǒmen dǎkāi chuānghù	We open the window
Rùkǒu shì báisè de	The entrance is white

TRAINING TIME

Wánjù zài dìtǎn shàng	The toy is on the carpet
Wèishéme wǒmen zhǎo bù dào érzi de wánjù?	Why can't we find the son's toy?
Nǐ de jiārén zài zhuō páng	Your family is at the table
Miànbāo zài kǎoxiāng lǐ	Bread in the oven
Wǒ māmā zhèngzài xǐzǎo	My mother is taking a shower
Wǒ de mǔqīn zài chúfáng lǐ	My mother is in the kitchen
Chuānghù shì hēisè de	The window is black
Māo zài shāfā shàng	The cat is on the couch
Wǒmen zài yuànzi lǐ děng	We are waiting in the yard
Yágāo zài nǎlǐ?	Where is the toothpaste?
Chuángdān zài nǎlǐ?	Where are the sheets?
Wǒ yǒu shé me yàng de tìdāo?	What kind of razor do I have?
Nǐ yǒu yáshuā ma?	Do you have a toothbrush?
Wǒ yǒu yīxiē hóngsè de yǐzi	I have some red chairs
Nǐ yǒu hǎimián ma?	Do you have a sponge?
Wǒ dài yī bǎ yáshuā	I take a toothbrush
Tā de yǐzi	His chair
Tā yǒu yīgè hóngsè diànhuà	He has a red phone
Lorenzo zài zhuō páng chīfàn	Lorenzo eats at the table

Wǒmen méiyǒu bēizi!	We don't have a cup!
Luca shuì zài chuángshàng	Luca sleeps in bed
Wǒ yǒu nǐ de diànshì	I have your TV
Zài chúfáng	In the kitchen
Yībēi niúnǎi	A glass of milk
Qiáng	The wall

TRAINING TIME

Wǒ zài wòshì lǐ chīfàn	I am eating in the bedroom
Wǒ méiyǒu bīngxiāng	I have no refrigerator
Alberto qīnglǐ wèishēngjiān	Alberto cleans the bathroom
Wǒmen yǒuyī tái hōng gān jī	We have a dryer
Nà tái xǐyījī	That washing machine
Wǒ méiyǒu xǐyījī	I have no washing machine
Xí ānshuì zài yǐzi shàng?	Does Xi sleep in a chair?
Moya zài kǎoxiāng lǐ zhǔ jīròu	Moya cooks chicken in the oven
Tā xiǎng yào yī tái xǐyījī	He wants a washing machine
Nǐ xiǎng yào chúfáng hǎimián ma?	Do you want a kitchen sponge?
Wǒ xūyào féizào	I need soap
Sǎn bùshì wǒmen de	The umbrella is not ours
Chuángdān shì huángsè de	The sheets are yellow
Wǒmen yǒu huángsè féizào ma?	Do we have yellow soap?
Shā lā chī féizào!	Sarah eats soap!
Tìdāo shì lán sè de	The razor is blue
Wǒ bǎ bēizi zhuāng mǎn shuǐ	I fill the cup with water
Yánsè hěn zìrán	The color is very natural

Bàozhǐ shì zuìxīn de	The newspaper is the latest
Wǒ yǒu qián	I have money
Xià gè xiǎoshí	Next hour
Chá shì tiānrán de	The tea is natural
Zhè shì yīgè lìshǐ xìng de yīzhōu	This is a historic week
Shéi shì xià yīgè?	Who is the next one?
Bàozhǐ zuìjìn?	Is the newspaper recent?

TRAINING TIME

STORY MODE

CHINESE

Jintao: "Nǐ zài jiǔ jiào zuò shénme?"

Fang: "Wǒ zài zhǎo wǒ de shǒujī."

Jintao: "Nǐ zài zhè dǔ qiáng hòumiàn jiǎncháguò ma? Wǒ qiánduàn shíjiān kàn dào nǐ zhàn zài chuāng biān."

Fang: "Wǒ dàochù jiǎnchá, xǐyījī lǐmiàn, zhuōzi dàochù dōu shì."
Jintao: "Nǐ shàng cì zài nǎlǐ kàn dào de?"

Fang: "Zài wǒ fángjiān zhédié de chuángdān shàng."

Jintao: "Shìzhe jì zhù nǐ de fāngshì."

Fang: "Hǎo ba, dāng wǒ bàba dǎ diànhuà de shíhòu, wǒ zhèngzài dǎsǎo wèishēngjiān de jìngzi. Tōnghuà jiéshù hòu, wǒ gǎibiànle fángjiān tiānhuābǎn shàng de dēngguāng, ránhòu wǒ xiǎngqǐle xià yǔ. Wǒ xūyào qīnglǐ yóuyǒngchí, suǒyǐ wǒ dǎkāi yīguì, nále yī bǎ yǔsǎn. Hái yǒuyīxiē féizào. Zhīhòu, wǒ huí dào chúfáng, dǎkāi bīngxiāng hē guǒzhī. Wǒ bǎ shǒujī kàojìn bēizi hé yīxiē pánzi. Chúfáng de zhuōzi shàng hái yǒu yī bǎ dāo. Wǒ huí dào fángjiān, zài wǒ shuì wǔjiào zhīqián juédìng hè yībēi. Zhè shì wǒ jìdé de."

Jintao: "Ràng wǒmen huí dào wòshì."

ENGLISH

Jintao: "What are you doing in the wine cellar?"

Fang: "I am looking for my mobile phone."

Jintao: "Have you checked behind this wall? I saw you standing by the window some time ago."

Fang: "I check everywhere, inside the washing machine, the table is everywhere."

Jintao: "Where did you see it last time?"

Fang: "On the sheets folded in my room."

Jintao: "Try to remember your way."

Fang: "Well, when my dad called, I was cleaning the bathroom mirror. When the call ended, I changed the light from the ceiling of the room, then I remembered the rain. I needed to clean the pool, so I opened the closet and took an umbrella. And some soap.
After that, I went back to the kitchen and opened the fridge to drink juice. I put my phone close to the cup and some dishes. There is also a knife on the kitchen table. I went back to the room, where I decided to take a drink before I took a nap. This is what I remember."

Jintao: "Let's go back to the bedroom."

Chapter 15

ADJECTIVES

Keywords : Jiānqiáng, bǎomǎn, gòngtóng, zìyóu, qíguài, chángjiǔ.

Zàilái yīcì?	Once again?
Zuìhòu	At last
Wǒ bìngle	I am sick
Tāmen yǒu qūbié	It is different
Zhège nǚrén hěn piàoliang	This woman is very beautiful
Tā bùlǎo	She is not old
Zhège yǒu kěnéng	This is possible
Tāmen de zhìfú shì xīn de	Their uniform is new
Tā de dá'àn yǔ wǒ de bùtóng.	His answer is different from mine.
Zhè shì yīyàng de	This is the same
Tā xiǎng yào de shì bù kěnéng de	What he wants is impossible
Dāng gè hǎo gūniáng!	Be a good girl!
Quánguó yánsè wèi lǜsè hé huángsè	The national colors are green and yellow
Tāmen gāo ma?	Are they tall?
Zhè shì yīgè hěn hǎo de dàngāo	This is a good cake
Wǒ hěn ǎi	I am short
Wǒmen bùshì guójì xìng de	We are not international
Tā bìng bù ángguì	It is not expensive
Wǒ mèimei fēicháng yǒumíng	My sister is very famous
Zuòjiā bìng bù chūmíng	The writer is not famous
Wǒmen de yágāo fēicháng piányí	Our toothpaste is very cheap

Zhège tàocān shì miǎnfèi de	This package is free
Wǒ jīntiān yǒu kòng.	I am free today.
Wǒ zhīdào nǐ hěn fùyǒu.	I know that you are very rich.
Nǐ yǒu wàiguó píjiǔ ma?	Do you have foreign beer?

TRAINING TIME

Zhè shì wǒ de rìcháng miànbāo	This is my daily bread
Tā shì yī wèi xiàndài mǔqīn	She is a modern mother
Wǒ yǒuyīgè diàn kǎo jià	I have an electric grill
Tā hěn shòu huānyíng	She is very popular
duì tā lái shuō Zhòngyào de shì shénme?	What is important to him?
Zhè pǐ mǎ shì yī zhǒng yǒuyòng de dòngwù	This horse is a useful animal
Zhè shì yīgè xuán'érwèijué de wèntí	This is an open question
Nǐ gǎn xìngqù ma?	Are you interested?
Wǒmen wánměi ma?	Are we perfect?
Nǐ shì wéiyī de háizi ma?	Are you the only child?
Wǒ yǒu nénglì	I am capable
Hóng píngguǒ bìng bù tèbié	The red apple is not special
Tā yǒuyī jiàn yǒuqù de fúzhuāng	He has an interesting costume
Nǐ táng xiōng de zuòpǐn fēicháng yǒuqù.	Your cousin's work is very interesting.
Nǐ bǎochí chuānghù guānbì	You keep the window closed
Nǐ bùshì wéiyī de yīgè	You are not the only one

Tā fēicháng qiángzhuàng	She is very strong
Wǒmen bìng bù nán	We are not difficult
Mógū tāng yǒu yī zhǒng qíguài de wèidào	Mushroom soup has a strange taste
Wǒ de zǔmǔ yīgè rén zhù.	My grandmother lives alone.
Shāyú hěn wéixiǎn	Sharks are dangerous
Wǒ érzi hěn dà	My son is very big
Wǒ dài lái hòuzhòng de xuēzi	I bring heavy boots
Hěn zhǎng de yī wǎn	Very long night
Xià yībēi kāfēi shì nǐ de	The next cup of coffee is yours

TRAINING TIME

Duì tā lái shuō hěn róngyì	Easy for her
Wǒ chī bǎole	I'm stuffed
Wǒ chīle yī zhěng zhǐ jī.	I ate a whole chicken.
Tā duì tāmen fēicháng qiángyìng	She is very tough on them
Wǒ de qúnzi shì báisè hé lán sè de	My skirt is white and blue
Zhè shì yī fèn pǔtōng de bàozhǐ	This is an ordinary newspaper
Zhè shì zhēn de	This is real
Zǎocān zhǔnbèi hǎole	Breakfast is ready
Wǒ quèdìng	I am sure
Nǐ de dá'àn shì duì de.	Your answer is correct.
Tā shì yīgè pǔtōng rén	He is an ordinary person
Wǒmen juédìng, yīnwèi Wǒmen juéxīn	We decided because we determined
Nǐ de dá'àn bù míngquè	Your answer is not clear
Wǒmen de shíjiān hěn duǎn	Our time is short

Tāng biàn lěngle	The soup is getting cold
Tā hěn niánqīng, wǒ lǎole.	She is very young, I am old.
Jīntiān tiānqì hěn rè.	The weather is hot today.
Èr yuè shì duǎnzàn de yīgè yuè	February is a short month
Tāmen yǒu rè sānmíngzhì ma?	Do they have hot sandwiches?
Tā de wèntí hěn nán	Her problem is difficult
Tā shì yī míng yōuxiù de xuéshēng	He is an excellent student
Tā shuì zài yīgè kōngdàngdàng de fángjiān lǐ	She slept in an empty room
Chuānglián hěn zàng	The curtains are dirty
Yī fèn wénhuà bàozhǐ	A cultural newspaper
Tā hěn qiángzhuàng	He is very strong

TRAINING TIME

Wǒmen shì rén	We are people
Chúfáng bù ānquán	The kitchen is not safe
Wǒmen gāodà qiángzhuàng	We are tall and strong
Wǒ yǒu zúgòu de yīfú	I have enough clothes
Tā gèng zāogāo	He is even worse
Wǒ xūyào liàng gàn yīfú	I need to dry clothes
Zhè hěn róngyì	This is easy
Qǐng yīxiē guǒzhī	Please, some juice
Tā shuō dé hěn kuài	He spoke very quickly
Wǒ bùshì wàiguó rén	I am not a foreigner
Tǎnzi hěn báo	The blanket is very thin
Tāmen de shū hěn shǎo jiàn	Their books are rare
Tā shì yīgè yányǔ bù duō de rén	He is a person with few words
Chuānglián fēicháng báo	The curtains are very thin

Wǒ de nǚ'ér xǐhuān báo yìdàlì miàn	My daughter likes thin spaghetti
Hěn shǎo yǒu shū	Very few books
Wǒmen hē dé hěn kuài	We drink very quickly
Dìbǎn hěn zāng	The floor is dirty
Tā de xǐ fǎ shuǐ hěn guì	Her shampoo is expensive
Wǒmen bìng bù nán	We are not difficult
Tā yǒu kòng kǒudài	He has empty pockets
Wǒmen yǒu yīgè kōngzhì de fángjiān	We have a vacant room
Bù, zhè hěn jiǎndān	No, this is simple
Wǒ rènwéi zhè shì bù kěnéng de.	I think this is impossible.
Wǒ dúle yī fèn quánguó xìng bàozhǐ.	I read a national newspaper.

TRAINING TIME

Tā shì yī míng gōngyè huàxué jiā	He is an industrial chemist
Zhè bùshì chángjiàn de shìqíng.	This is not a common thing.
Zhège guójiā de yánsè shì hóngsè, hēisè hé huángsè	The colors of the country are red, black and yellow
Tā de chúfáng shì gōngyè yòng de	Her kitchen is industrial
Shì de, zhè hěn jiǎndān	Yes, it's very simple
Tāmen hěn qióng	They are very poor
Tā hěn tǎnshuài	She is very frank
Shénme shì lìshǐ shíqí?	What is the historical period?
Níngméng shuǐ fēicháng zìrán	Lemonade is very natural
Tāmen bù fù zérèn	They are not responsible
Qiáng shì yǒngjiǔ de	The wall is permanent

Yīnwèi wǒ shìgè huàirén	Because I am a bad person
Wǒ qióng	I am poor
Zhè shì yīgè lìshǐ xìng de yīzhōu	This is a historic week
Tāmen bù zìrán	They are not natural
Zhēnchéng de shuō	Frankly speaking
Wǒmen bù fù zérèn	We are not responsible
Guǒzhī hěn zìrán	Juice is natural
Tā hěn qióng	He is very poor
Wǒ yǒuyī zhǐ piàoliang de yāzi	I have a beautiful duck
Tāmen shì hào xuéshēng	They are good students
Tāmen chī tóngyàng de pánzi	They eat the same plate
Nǐ zuò dé hěn hǎo	You did very well
Nǐ shì shuāngyǔ de	You are bilingual
Zhè jiàn yīfú hěn piàoliang	This dress is beautiful

TRAINING TIME

Tāmen shì niánqīng rén	They are young people
Tā yǒu tóngyàng de bēizi	She has the same cup
Tā shì yī wèi lǎo fǎguān	She is an old judge
hào wèntí	good question
Tóngyàng de tāng	The same soup
Píngguǒ hěn hào chī	The apple is very good
Zhè yǒuyòng ma?	Is that useful?
Zhè shì yī běn xīnshū	This is a new book
Nǐ bǐ wǒ hǎo	You are better than me
Dēng hěn nánkàn dào	The lights are hard to see
Wǒ de xiōngdì	My brother
Wǒ bǐ wǒ jiějiě dà.	I am bigger than my sister.
Bù, nǐ shì dì yīgè	No, you are the first

Wǒmen bùshì xīnrén	We are not new people
Wǒmen yǒu zuì hǎo de	We have the best
Wǒmen shì xiōngdì jiěmèi	We are older brothers and sisters
Tā nánkàn ma?	Is he ugly?
Nǐ xiǎng yào xīn yīfú ma?	Do you want new clothes?
Shì de, zhè shì zhēn de	Yes, it is real
Nǐ shì yīgè huóyuè de rén	You are an active person
Wǒmen shì zuìhòu yī gè	We are the last one
Shì de, tāmen shì zhēn de	Yes, they are real
Zhè shì bù kěnéng de	This is impossible
Shì de, zhè fēicháng zhòngyào	Yes, this is very important
Zhè shì zuìhòu yīkè	This is the last moment

TRAINING TIME

Nǐ bùshì zhēn de!	You are not real!
Wǒ gēgē fēicháng zhòngyào	My brother is very important
Tā shì yīgè huóyuè de lǎobǎn	He is an active boss
Zuó wǎn hěn máncháng.	It was very long last night.
Míngtiān shì wǒ de zuìhòu yītiān	Tomorrow is my last day
Yìng	Hard
Xié shì bìyào de	Shoes are necessary
Zhè shì yīgè gōnggòng dǎngpài	This is a public party
Zuòzhě dúzì xíngzǒu	The author walks alone
Nǐ hěn shòu háizimen de huānyíng.	You are very popular with children.
Nǐ gēn wǒ bù yīyàng.	You are different from me.

Zhè shì wǒ de sīrén diànhuà	This is my private phone
Tā yīgè rén zǒu	He walks by himself
Gōnggòng yùshì	Public bath
Wǒmen bù huānyíng	We are not welcome
Bù, tāmen méiyǒu bìyào	No, they are not necessary
Pánzi hěn yìng	The plate is very hard
Tāmen shì gōnggòng gōngzuò zhě	They are public workers
Wǒmen gāodà qiángzhuàng	We are tall and strong
Yuánsè	Primary color
tā shì yīgè yǒu nénglì de rén	He is a capable person
Dòngwù shì dúyīwú'èr de	Animals are unique
Wǒ kàn dāngdì de diànshìtái.	I watch the local TV station.
Zhè hěn ān quán	This is safe
Mén	Door

TRAINING TIME

Tā shì yīgè jiānqiáng de rén	She is a strong person
Wǒmen shì bùtóng de	We are different
Tā shì nǐ wéiyī de mèimei	She is your only sister
Zhè hái bùgòu	That is not enough
Jiē xiàlái de jǐ zhōu	The next few weeks
Tā shì yī míng zhíyè yǎnyuán	He is a professional actor
Wǒ zìjǐ de érzi	My own son
Tā bǐ wǒ chà	She is worse than me
Shénme shì bù kěnéng de?	What is impossible?
Zhè jiàn yīfú hěn jiǎndān	This dress is very simple

Wǒ yǒu zìjǐ de gǒu	I have my own dog
Wǒmen bùshì zhuānyè yǎnyuán	We are not professional actors
Tāmen yǒu zìjǐ de pàiduì	They have their own party
Tā shìgè huàirén	He is a bad person
Wǒ hěn zhèngcháng	I am normal
Tāmen bù fù zérèn	They are not responsible
Wǒ méi kànguò hěnduō shū.	I don't read many books.

TRAINING TIME

STORY MODE

CHINESE

"Alvaro ràng wǒmen wán yīgè jiàozuò'kèguān chénshù'de yóuxì. Yóuxì de mùbiāo shì zài wǔ miǎo nèi shǐyòng" dànshì "zhège cí zuò chū shēngmíng, huòzhě cóng zhège píngzi lǐ hē shuǐ. Wǒ huì kāishǐ de."

"Tā shēngbìngle, dàn fángjiān hěn gānjìng."

Zhū: "Zhè běn shū hěn qíguài dàn hěn tèbié."

Alvaro: "Píngzi hěn dà, dàn jiàgé hěn gāo."

Zhū: "Tā yǐjīng lǎole, dàn kěyǐ miǎnfèi xiàzài."

Alvaro: "Fěnmò hěn hēi, dàn hěn chúnjìng."

Zhū: Wǔ shì zuìxiǎo de, dàn wǒ yǒu sì gè."

Alvaro: "Dìtú hěn xiāngsì, dàn wǒ shūle."

Zhū: "Zhèxiē xiézi hǎo dàn bùshì yuánchuàng de."

Alvaro: "Zhèxiē bāo bāo hěn jīngdiǎn, dàn bìng bù yōuyuè."

Zhū: "Qìchē hěn zàng, dàn hěn wánměi."

Alvaro: "Zhè hěn bàng, dàn bìng bù chūmíng."

Zhū: "Zhè gèng nán, dàn gèng fāngbiàn."

Alvaro: "Wǒ de nán péngyǒu hěn tián, dàn yě hěn kěpà."

ENGLISH

"Alvaro let's play a game called 'objective statements.' The goal of the game is to make a statement using the word 'but' in five seconds, or drink from this bottle. I will start."

"He's sick, but the room is clean."

Zhu: "The book is strange but special."

Alvaro: "The bottle is big, but the price is regular."

Zhu: "It's old, but it's free to download."

Alvaro: "The powder is dark, but pure."

Zhu: "Five is the minimum, but I have four."

Alvaro: "The maps are similar, but I'm lost."

Zhu: "These shoes are good but not original."

Alvaro: "These bags are classic, but not superior."

Zhu: "The car is dirty, but it's perfect."

Alvaro: "It's brilliant, but not famous."

Zhu: "It's more difficult, but convenient."

Alvaro: "My boyfriend is sweet but also terrible."

Chapter 16

DETERMINERS

Keywords : Zhèxiē, mǒu xiē, suǒyǒu, qítā, měi gè.

Xīn	New
Gōngzuò	Jobs
Huódòng	The activity
Kěnéng xìng	The possibility
Tā yǒu tài duō de māo	She has too many cats
Suǒyǒu de nǚrén dōu zài zhèlǐ	All the women are here
Mìfēng bùshì húdié	The bee is not a butterfly
Zhè běn shū tài guìle	This book is too expensive
Zhè chá hěn hào chī	This tea is delicious
Wǒmen yǒu yīmiàn hóng jìng	We have a red mirror
Zhèxiē bāo shì hóngsè de	These bags are red
Zhè zhǒng húluóbo fēicháng tián	This carrot is very sweet
Zhèxiē shū shì xīn de	These books are new
Zhè liàng chē jiù xiàng yī liàng xīnchē	This car is like a new car
Zhè liǎng wèi guǎndào gōng shì táng xiōngdì	These two plumbers are cousins
Nàgè rén bùshì wǒ de zhàngfū	That person is not my husband
Tā bù shìhé nà liàng chē	She is not suitable for that car
Chéngbǎo shì báisè de	The castle is white
Nǐ zhīdào nà jiā jiǔdiàn ma?	Do you know that hotel?
Wǒ rènshì nàxiē nǚrén	I know those women
Zài zhěnggè cūnzhuāng zuò fàn	Cooking in the entire village

Tā zhěng yè gōngzuò	She works all night
Wǒ yǒu hěnduō yóu	I have a lot of oil
Wǒ méiyǒu péngyǒu	I do not have friends
Zhè li yǒu hěnduō rén.	There are many people here.

TRAINING TIME

Nǐ jìdé nàxiē niánle ma?	Do you remember those years?
Tā měitiān zǎoshang dōu hè yī píng niúnǎi.	He drinks a bottle of milk every morning.
Wǒ kànguò jǐ běn bàozhǐ.	I have read several newspapers.
Wǒ bù xǐhuān nàxiē shǒujī.	I don't like those phones.
Nàxiē chènshān duì tā lái shuō tài xiǎole.	Those shirts are too small for him.
Fángjiān li yǒu jǐ jiàn chènshān.	There are a few shirts in the room.
Gōngyuán li yǒu jǐ gè nánshēng.	There are several boys in the park.
Měi yītiān, měi gè nǚrén dūhuì dǎ diànhuà	Every day, every woman calls
Dòngwùyuán li yǒu gè zhǒng gè yàng de dòngwù.	There are all kinds of animals in the zoo.
Wǒ bùxiǎng wèi wǒ de hūnlǐ jǔbàn pàiduì.	I don't want to have a party for my wedding.
Fúwùyuán zài lìng yīgè jiǔbā gōngzuò	The waiter works in another bar
Yǒuxiē shìqíng suízhe shíjiān ér gǎibiàn	Some things change over time
Yǒuxiē rén bù xǐhuān tā	Some people don't work like him
Nǐ zhīdào yīxiē hǎo de shāngdiàn ma?	Do you know some good stores?

Wǒ bù hé mǒu xiē rén hézuò.	I don't work with some people.
Tài duō shìqíng dōu bù qīngchǔ	Too many things are not clear
Tā hēle tài duō jiǔ	He drank too much wine
Tā hēle tài duō píjiǔ	He drank too much beer
Yǒuxiē rén bù chī shūcài	Some people don't eat vegetables
Wǒmen zhīdào hěnduō shìqíng	We know a lot of things
Gōngyuán lǐ rén tài duōle.	There are too many people in the park.
Yǒuxiē nǚrén gèng piàoliang	Some women are more beautiful
Wǒmen zài dòngwùyuán kàn dàole suǒyǒu de dòngwù.	We saw all the animals at the zoo.
Wǒmen yǒu shù bǎi wàn	We have millions
Zhěnggè jiātíng dōu zài nóngchǎng gōngzuò	The entire family works on the farm
Wǒ xiǎng yào rènhé zhǒnglèi de shūcài	I want any kind of vegetables
Rènhé zuòwèi dōu kěyǐ	Any seat can be
Nǐ zhīdào, wǒ méiyǒu rènhé jiātíng.	You know, I don't have any family.
Tāmen yǒu lìng yīgè er zi	They have another son
Wǒ ài tā hé wǒ de jiārén.	I love him and my family.
Nǐ xiǎng yào lìng yībēi chá ma?	Do you want another cup of tea?
Zhèxiē píngguǒ fēicháng dà	These apples are very big
Yǒuxiē nǚrén hē lǜchá	Some women drink green tea
Nàxiē nánrén wéi shén me kànzhe nǐ?	Why are those men looking at you?

Wǒ gèng xǐhuān nàgè hēisè de.	I prefer that black one.
Shéi de yǎnjìng shì zhèxiē?	Whose glasses are these?
Tā yǒu tài duō de nán péngyǒu	She has too many boyfriends

TRAINING TIME

STORY MODE

CHINESE

Wèi wěi: "Zhège fángzi li yǒu duōshǎo gè chuānghù? Měi gèrén dōu shuō bā suì, dàn wǒ bù tóngyì."

Chén: "Wǒ de yùshì méiyǒu chuānghù, suǒyǐ yǒu qī gè."
Wèi wěi: "Hái yǒu wǎ lún xǐyǎ de fángzi? Duōshǎo?"
Chén: "Sì."

Wèi wěi: "Sì gè? Kǎolǜ dào fángjiān de dàxiǎo, nǐ xūyào dàliàng de tōngfēng."

Chén: "Yǒuxiē chuānghù jiàgé ángguì, gòumǎi chāoguò 7 kuài hěn nán."

Wèi wěi: "Rúguǒ nǐ yǒu zìjǐ de shǒujī, nǐ yīnggāi chákàn wǒ wǎngzhàn shàng de yīxiē túpiàn. Měi zhāng zhàopiàn de jiàgé dī yú 70 měiyuán. Wǒ rènwéi kěyǐ fǎngwèn tāmen, zhìliàng yǔ qítā pǐnpái xiāngtóng."

Zàixiàn sōusuǒ

Chén: "Chuānghù hěn piàoliang, tèbié shì zuǒshàng jiǎo de liǎng gè. Wǒ xǐhuān zhè liǎng gè."

Wèi wěi: "Wǒ zhīdào nǐ huì xǐhuān tā, yīnwèi wǒ xīwàng nǐ néng chéngwéi wǒ zhège yuè de dì yī gè gùkè. Rúguǒ nǐ fùdān dé qǐ, wǒ kěyǐ tígōng 5%de zhékòu."

Chén: "Shì de, wǒ kěyǐ, wǒ kěyǐ ná nǐ de diànhuà hàomǎ ma?"

ENGLISH

Wei Wei: "How many windows are there in this house? Everyone says eight years old, but I don't agree."

Shen: "My bathroom has no windows, so there are seven."

Wei Wei: "And the house in Valencia? How much?"

Shen: "Four."

Wei Wei: "Four? Considering the size of the room, you need a lot of ventilation."

Shen: "Some windows are expensive, and it is difficult to buy more than 7."

Wei Wei: "If you have your own mobile phone, you should check some pictures on my website. The price of each picture is less than $70. I think they can be accessed, and the quality is the same as other brands."

searches online

Shen: "The windows are beautiful, especially the two in the upper left corner. I like these two."

Wei Wei: "I know you will like it, because I hope that you can be my first customer this month. If you can afford it, I can offer a 5% discount."

Shen: "Yes, I can, can I take your phone number?"

Chapter 17

ADVERBS

Keywords : Hěnduō, hěn shǎo, hěnduō, zài shàngmiàn, xiàmiàn.

Hǎo	Ok
jīhū	Almost
tā chīle hěnduō dōngxī	He ate a lot of things
nǐ shì rúcǐ qiángdà	You are so powerful
tāmen cóng nǎlǐ lái?	Where are they from?
Zhè fēicháng ángguì	This is very expensive
wǒ zhīdào tā láizì nǎlǐ	I know where he is from
nǐ yǒu duōshǎo xínglǐ?	How many bags do you have?
Nǐ shì cóng nàlǐ lái de ma?	Are you from there?
Tā bùshì hěn guì	It is not very expensive
wǒ zhè zhōu gōngzuò hěnduō.	I work a lot this week.
Tāmen zhù zài nàlǐ	They live there
wǒmen duì tā zhīzhī shèn shǎo.	We know very little about him.
Zhīzhū zài nǎilào xiàmiàn	The spider is under the cheese
zhè zhǐ niǎo zài dòngwùyuán shàngmiàn	This bird is above the zoo
wǒmen zài cāntīng wàimiàn	We are outside the restaurant
shí duō niánle	More than ten years
wǒ zài wàimiàn děng	I am waiting outside
chūntiān láile	spring is coming
tāmen hé tā yīqǐ qùle	They went in with her
tā huángù sìzhōu	She looks around
wǒ wǎnfàn hòu chūqù.	I go out after dinner.
Ránhòu nǚrénmen dōu zài zhèlǐ.	Then the women are here.

TRAINING TIME

Wǒ yěshì	Me too
Wǒ xiǎng yào de shíhòu chī	I eat when I want
Xīngqíliù zài xīngqítiān Zhīqián	Saturday comes before Sunday
Nǐ jǐn kěnéng duō chī	You eat as much as possible
Yóudìyuán de gōngyù zài zhèlǐ	The postman's apartment is here
Nǐ jīngcháng gěi fùmǔ xiě xìn ma?	Do you often write letters to your parents?
Chūntiān guòdōngle	Spring is coming after winter
Nǐ mèimei hé yǐqián yīyàng měilì	Your sister is as beautiful as ever
Wǒ de mǔqīn gèng hǎo	My mother is better
Hǎo de xièxiè	Okay thank you
Zhēn duìbùqǐ	Really sorry
Xièxiè, tāmen fēicháng hǎo	Thank you, they are very good
Wǒ gēgē cóng bù hējiǔ	My brother never drinks
Wǒ hěn hǎo	I'm very good
Qù nǐ xiǎng qù de rènhé dìfāng	Go anywhere you want
Bù tài tiánmì	Not too sweet
Tāmen yě zài zhèlǐ ma?	Are they here too?
Jīhū zhōngwǔ	Almost noon
Nǐ yīgè rén ma?	Are you alone?
Wǒ bù chī tài duō	I don't eat too much
Wǒ hěn kuài jiù dàole.	I am here soon.
Wǒ bù quèdìng	I am not sure
Tāmen yě zhù zài zhèlǐ	They also live here
Xiǎnrán, shuǐguǒ fēicháng tián	Obviously, the fruit is very sweet
Nà tāmen wèishéme zài zhèlǐ?	Then why are they here?

TRAINING TIME

Shuǐguǎn gōng hái zài ma?	Is the plumber still there?
Zhè juéduì bù kěnéng	This is absolutely impossible
Tā hái zài zhèlǐ	He is still here
Tā wánquán shì lǜsè de jíshí	It is completely green Timely
Zhè pǐ mǎ hái hěn niánqīng	This horse is still very young
Dàochù dōu shì zhèyàng de	Everywhere is like this
Wǒmen yǐjīng liù yuèle	We are already in June
Nǐ yǒu háizi ma?	Do you have children?
Zhè hěn yǒuqù	This is very interesting
Bàn zhège rìqí bìng bù quèdìng	But the date is not certain
Zhìshǎo tāmen	At least they are eating at the table
Zhèngzài cānzhuō páng chīfàn	
Wǒ bù chī ròu, dàn wǒ chī yú.	I don't eat meat, but I eat fish.
Wúlùn rúhé, zhè bìng bù chóng yào	In any case, this is not important
Xīngqíwǔ yǐjīng?	Already Friday?
Yǒuyī zhǐ māo	Have a cat
Nǐ jiù xiàng nǐ de mǔqīn	You are like your mother
Wǒmen xiànzài yào zǒule	We are leaving now
Wèishéme wǒmen Shènzhì méiyǒu chāzi?	Why don't we even have a fork?
Wǒ měinián dūhuì xiě yī běn shū.	I write a book every year.
Zánmen yīqǐ qù ba?	Let's go together?
Zhuōzi shàng yǒu yīgè píngguǒ	There is an apple on the table
Zhè zhǐshì yī zhǐ lǎoshǔ	It's just a mouse

Wǒ zhǔyào tánlùn tāmen.	I mainly talk about them.
Jīntiān, wǒ quèdìng	Today, I am sure

TRAINING TIME

Fēicháng yuǎn	Very far
Píngshí	Usually
Hái méiyǒu	No, not yet
Zuìhòu	Finally
Huítóu jiàn	See you later
Zàijiàn	Goodbye
Dāngrán, zhēn de shì tā.	Of course, it is really him.
Wǒ quèdìng	I am sure
Yěxǔ sān yuè, dàn bùshì sì yuè	Maybe March, but not April
Yěxǔ shì qiǎokèlì bǐnggān	Maybe it's chocolate chip cookies
Yěxǔ tā huì zuò wǎnfàn	Maybe she will cook dinner
Yěxǔ zhè shì zhēn de	Maybe this is true
Tā zài nà	She is there
Yībān lái shuō, tā shì báisè de	Generally, it is white
Nǐ zhuānmén wèi wǒmen xiě xìn	You write for us specifically
Zuìhòu, shì xīngqíwǔ.	Finally, it is Friday.
Nǐ shuìle hěnduō ma?	Have you slept a lot?
Nǐ fēicháng piàoliang	You are very beautiful
Wǒ mèimei cóng bù hējiǔ	My sister never drinks
Zhè wánquán Zhèngcháng	This is completely normal
Wǒ zhǐyǒu yīshuāng xié	I only have a pair of shoes
Tā zǒu lái zǒu qù	She is walking around
Tā jiǎng de hěn hǎo	He spoke very well
Wǒ gēgē cóng bù hējiǔ	My brother never drinks

Zhè wánquán bùtóng! — This is totally different!

TRAINING TIME

Quánrán	Completely
Wúyí	Undoubtedly
Jiùjìng!	Exactly!
Wǒ cóng bù yóuyǒng	I never swim
Nǐ zhēn de shìgè hǎorén.	You are really a good person.
Shì de, wǒ mǎshàng qù	Yes, I will go immediately
Yěxǔ zhè tài guòfènle	Maybe this is too much
Zàishuō yībiàn, zàijiàn	Again, goodbye
Tā kěnéng jīntiān dàole.	He may have arrived today.
Zài zhuōzi xiàmiàn	Under the table
Wǒmen jìxù qiánjìn	We move on
Nǐ jīhū shì wǒ de xiōngdì	You are almost my brother
Zàicì, xièxiè nǐ, yīshēng	Again, thank you, doctor
Yěxǔ zhè shì kěnéng de	Maybe this is possible
Wǒ de māo zài shāfā xià shuìjiào	My cat is sleeping under the sofa
Zhū zài zhuōzi dǐxia	The pig is under the table
Tāmen tóngyàng fù zérèn	They are equally responsible
Tāmen mǎshàng dàodá	They arrive right away
Tā zhǐ chī yìdàlì miàn	He only eats pasta
Zhè wánquán yǒu kěnéng	This is entirely possible
Tā zhǔyào chī táng	She mainly eats sugar
Tā shì lìng yīgè rén	He is another person
shì de, zuìjìn	Yes, recently
Tā wánquán shì lǜsè de	It is completely green

Tā zhǐ chī shuǐguǒ — She only eats fruit

TRAINING TIME

Wǒmen zài zhè'er	We are here
Tā zhǔyào shi táng	It is mainly sugar
Nǐ wánquán yǒu nénglì	You are fully capable
Wǒmen zuìjìn tánguò	We have talked recently
Niánqīng, zìrán	Young, natural
Wǒmen hē dé hěn kuài	We drink very quickly
Zhè yīdìng shì wǒ de dà xiàng	This must be my elephant
Yī pǐ mǎ pǎo dé hěn kuài	A horse runs very fast
Dàodǐ shì shénme?	What exactly are they?
Wǒ juéduì kěndìng	I am absolutely sure
Shì de, nǐ kěndìng gēng hǎo.	Yes, you are definitely better.
Guǒzhī, dāngrán	Juice, of course
Xīngqīsān, tōngcháng	Wednesday, usually
Tā zǒu dé hěn màn	He walks very slowly
bù bìyào	Unnecessary
Tā hěn róngyì yuèdú	She is easy to read
Kěnéng huì gèng zāo	May be worse
Tā de érzi jīhū bù shuōhuà	His son barely speaks
Zhè shì xiāngduì jiào xīn de	This is relatively new
Tā màn man chī	He eats slowly
Tōngcháng, xūyào shù nián shíjiān	Usually, it takes years
Guòqù yīzhōu	The past week
Bīngxiāng hěn piányí	The refrigerator is very cheap
Nǐ bùshì yīgè nánhái	You're hardly a boy
Tā bù yīdìng shì yīgè rén	It is not necessarily a person

TRAINING TIME

STORY MODE

CHINESE

"Zuìhòu, nǐ xīngqíwǔ huì lái jùlèbù ma?" Nī kě shuō. "Kěnéng." Chén huídá dào.

"Rúguǒ nǐ bù jìnqù, nǐ huì cuòguò tā. Huì yǒu yǐnliào hé míngrén."

"Zhè yīqiè dōu qǔjué yú wǒ de mèimei. Rúguǒ tā líkāi, wǒ huì líkāi. Zài nà zhīqián, wǒ hái méiyǒu juédìng." Chén huídá dào.

"Nǐ xiànzài bìxū juédìng; VIP bùfèn shì shìjiè shàng zuì hǎo de bùfèn zhī yī." Nī kě jìxù shuōdao.

"Wǒ hái zài yóuyù." Chén shuō.

"Rúguǒ nǐ zuìzhōng gǎibiàn zhǔyì, kěnéng wéi shí yǐ wǎn, nǐ jiāng yǒngyuǎn wúfǎ zàicì jiàn dào nǐ zuì xǐhuān de yìshùjiā." Nī kě shuō.

ENGLISH

"Finally, will you come to the club on Friday?" said Nicole.
"Possibly." Shen replied.

"If you don't go in, you will miss it. There will be drinks and celebrities."

"It all depends on my sister. If she leaves, I will leave. Before that, I have not decided yet." Shen replied.

"You have to decide now; the VIP part is one of the best parts of the world." Nicole continued.

"I am still hesitating." Shen said.

"If you finally change your mind, it may be too late, and you will never have the chance to see your favorite artist again." said Nicole.

Chapter 18

OBJECTS

Keywords : Qìchē, jīqì, kuāng, shūzi, chēlún, qiú, yǎnjìng.

Diànjī	Motor
Bǐ	Pen
Dìtú	Map
Píngzi	Bottle
Diànnǎo	Computer
Huǒchē	Train
Zìxíngchē	Bicycle
Qiú	Ball
Yàoshi	Key
Yī liàng chē	A car
Nà yī jiàn	The piece
Shōuyīnjī	Radio
Nà jià fēijī	That plane
Xiàngjī	Camera
Diànchí	Battery
Bèibāo	Backpack
Jiǎndāo	Scissors
Kǎpiàn	Card
Zhè sōu chuán	This ship
Jiǎoyāzi	Foot
Wǒ xiǎng yào hěnduō dōngxī	I want a lot of things
Zhè shì jiàn lǎo shì	This is an old thing
Wǒ yǒuyī liàng chē	I have a car
Dà yìngbì	Big coin
Wǒ de shǒujī	My cell phone

TRAINING TIME

Yàoshi	The key
Qián	Money
Gāi zázhì	The magazine
Bàozhǐ	Newspaper
Zhōng shēng	The bell
Bēizi	Cup
Sīxiǎng	Mind
Zhè zuò qiáo	The bridge
Jīn	Gold
Liánsuǒ	Chain
Zhǐ	Paper
Měiyuán	The dollar
Zhèxiē dōngxī	These things
Zhège diànyǐng	The film
Gāi wénjiàn	The document
Yídòng diànhuà	Mobile phone
Píngmù	Screen
Nǐ yǎng rìjì ma?	Do you keep a diary?
Nǐ hái yǒu shuā ma?	Do you still have a brush?
Wǒ yěyǒuyī běn rìjì.	I also have a diary.
Tāmen yǒu diànnǎo ma?	Do they have a computer?
Nǚhái de shūzi	The girl's comb
Wǒ yǐjīng yǒule yīgè xìnfēng	I already have an envelope
Hézi fàng zài zhuōzi shàng	The box is placed on the table
Wǒmen yǒu yī hé bǐnggān	We have a box of cookies

TRAINING TIME

Yìngbì	Coin
Guóqí	Flag
Zhàngdān	Bill
Chē	Car
Chēlún	Wheel
Shǒubì	Arms
Shuāzi	Brush
Xìnfēng	Envelope
Shūzi	Comb
Rìjì	Diary
Zhàopiàn	Photo
Shǒubì	The arms
Túpiàn	The image
Yèzi	Leaf
Tā xiǎng yào yīxiē hóngsè yǎnjìng	He wants some red glasses
Wǒmen zài xiàtiān yǒu xīn fěnsī.	We have new fans in the summer.
Tā shēntǐ jiànkāng	He is in good health
Wǒ yǒu wánměi de lǐwù	I have the perfect gift
Zhè shì yī xiǎo kuài	This is a small piece
Wǒ kàn dàole yīgè jiànpán	I saw a keyboard
Jīntiān, wǒ ná dàole zhízhào.	Today, I got the license.
Wǒ xiǎng yào yīgè lǐwù	I want a gift
Wǒ zhǎo bù dào wǒ de zhízhào.	I can't find my license.
Wǒ fùqīn yǒu chángdí hé xiǎotíqín.	My father has a flute and a violin.
Tā zǒng shì shuō tóngyàng dehuà	She always said the same thing

TRAINING TIME

Yǐnqíng	**Engine**
Jiǔjīng	**Alcohol**
Shǒutí bāo	**Handbag**
Wǒmen de píngzi	**Our bottle**
Biānyuán	**The edge**
Huángjīn shì wǒ de!	**The gold is mine!**
Wǒ zài xiě zài bái zhǐ shàng	**I am writing on white paper**
Wǒ yǒu yīgè lúnzi hé yīgè yǐnqíng	**I have a wheel and an engine**
Nǐ méiyǒu shíjiān qù zuò zhòngyào de shìqíng	**You never have time to do important things**
Zhè shì yī zhāng bái zhǐ	**This is a blank sheet of paper**
Qìchē méi yóule	**The car is out of oil**
Wǒ xiǎng wèi wǒ de chē mǎi yīkuài diànchí.	**I want to buy a battery for my car.**
Shéi yǒu zhège yuèqì?	**Who has this instrument?**
Zhè sōu chuán hěn jiù	**This ship is very old**
Wǒ táng xiōng de chē hěn xīn.	**My cousin's car is very new.**
Wǒmen yǒu chē	**We have a car**
Chuán zhǎng zhèngzài tánlùn zhè sōu chuán.	**The captain is talking about the ship.**
Zhè shì wǒ de chē	**This is my car**
Wǒ yǒu yīgè dàimǎ	**I have a code**
Nǐ shì jīqì ma?	**Are you a machine?**
Zhè shì yīgè zhuānlán	**This is a column**
Wǒmen xiànzài kàn bàole	**We read the newspaper now**
Tā zǒng shì dú yī běn zázhì	**He always reads a magazine**
Zhège nǚhái xiěle hěnduō yèmiàn	**This girl wrote a lot of pages**

Tā xūyào bīngxiāng de yībùfèn	She needs a part of the refrigerator

TRAINING TIME

Diànchí	The battery
Tā yǒuyījiā liánsuǒdiàn	She has a chain store
Tā yǒu yīshuāng lán yǎnjīng	She has a pair of blue eyes
Wǒmen kànle bàozhǐ	We read the newspaper
Wǎn lǐ de wùtǐ shì shénme?	What is the object in the bowl?
Tā de yīfú hěn dútè	Her clothes are unique
Zhè zǒng shì yī jiàn hǎoshì	This is always a good thing
Tā yǒu yīdiǎn qián	He has a little money
Tā yǒu zhǐ ma?	Does she have paper?
Wǒ yǒu yīgè qiú	I have a ball
Wǒ yǒu yī liàng chē	I have a car
Julio bǎ huángyóu fàng zài jiǎo shàng	Julio puts butter on his feet
Wǒ de xínglǐ xiāng shì huángsè de	My suitcase is yellow
Wǒ yǒu wénzì	I have text
Diànshì hěn guì	TV is expensive
Shǒubiǎo shì yīgè duìxiàng	The watch is an object
Tā xiàwǔ hējiǔ	He drinks in the afternoon
Tā bǎ qián gěile nánrénmen	He gave the money to the men
Māo shuì zài gǒu de dǐngbù	The cat sleeps on the top of the dog
Tā shēngchǎn ángguì de wùpǐn	He produces expensive items
Tāmen fùle yī měiyuán	They paid a dollar
Gǒu liáng hěn guì	Dog food is expensive
Nǐ yǒu shǒujī ma?	Do you have a cell phone?

Wǒ jiějiě de xínglǐ xiāng fēicháng dà.	My sister's suitcase is very big.
Nǐ yǒu yìngbì ma?	Do you have a coin?

TRAINING TIME

Zhàopiàn	Photo
Píngmù	Screen
Yǎn	Eye
Tóu bù	Head
Guóqí	Flag
Láiyuán	Source
Yǐnqíng	Engine
Shǒubì	Arms
Chēlún	Wheel
Fěnmò	Powder
Jīqì	Machine
Suìpiàn	Fragment
Hézi	Box
Píngzi	Bottle
Wǒ xūyào yīgè diànchí	I need a battery
Wǒ bù xǐhuān nà jiàn shì.	I don't like that thing.
Lǜshī fābiǎole yī piān lùnwén	The lawyer published a paper
Shéi yǒu zhège dǎng'àn?	Who has the file?
Hái yǒu shéi zài chuánshàng?	Who else is on board?
Nǐ yǒuyī tái zhàoxiàngjī ma?	Do you have a camera?
Wǒ de chuán shì lán sè de	My boat is blue
Nǐ yǒu shǒubiǎo ma?	Do you have a watch?
Bàozhǐ shì zuìjìn de	The newspaper is recent
Zhège wénjiàn yǒu hěnduō yèmiàn	This file has many pages

Wǒ xiǎng yào yī fèn nǎilào sānmíngzhì hé yībēi shuǐ.	I want a cheese sandwich and a glass of water.

TRAINING TIME

Hépíng	Peace
Dùmén	Department
Yùndòng	Movement
Zhè xiàng diàochá	This survey
Róngliàng	Capacity
Bìyào xìng	Necessity
Yǐngxiǎng	Effect
Mǎ	Code
Wǒ yòng kǎ fùkuǎn	I pay by card
Zhè shì qián de láiyuán	This is the source of money
Nǐ yǒu bǐ ma?	Do you have a pen?
Zhè shì zhōng shēng	This is the bell
Yīgè dà de duìxiàng	A large object
Tā bùshì shízhōng	It is not a clock
Wǒ xūyào yī běn yīngwén zázhì.	I need an English magazine.
Gèrén wùpǐn	Personal items
Zhè shì měiyuán	This is the dollar
Zhè shì wǒ de chē	This is my car
Tā chéng gōnggòng qìchē qù shàngbān ma?	Does he go to work by bus?
Wǒmen yǒu zìxíngchē	We have bicycles
Shàngxiào yǒuyī méi zhàdàn	The colonel has a bomb
Wǒ yǒuyī zhī bǐ	I have a pen
Dà xiǎnshì píng	Large display
Zhè shì yīgè dài bǐjì de píngzi	This is a bottle with notes

Píjiǔ shì gěi nóngmín de	Beer is for farmers

TRAINING TIME

Shǒubì	The arms
Jǐchuí	The spine
Nǐ shì jīqì ma?	Are you a machine?
Tā zūnshǒu guīzé	She obeys the rules
Tā fēicháng jīzhì	She is very smart
Zuòzhě yǐjīng yuèdúle diànjī	The author has read the motor
Zhè shì jiàn huàishì	This is a bad thing
Lúnzi shì báisè de	The wheels are white
Zhàdàn tài kěpàle	The bomb is terrible
Tā yǒu chē	He has a car
Nǎ kuǎn xié shìhé nǐ?	Which shoe is right for you?
Tā gěi nǐ kànle yī fèn bàozhǐ	She showed you a newspaper
Wǒ shāo hòu huì lái jiàn nǐ.	I will come to see you later.
Tā gēnzhe wǒ	He followed me
Wǒ yào nǐ	I want you
Nǐ chīle yīgè píngguǒ	You ate an apple
Zhèxiē xiézi bùshìhé wǒ.	These shoes are not for me.
Nǐ gēnzhe wǒ	You follow me
Tā kànzhe nǐ	He looks at you
Wǒmen chīle yīgè júzi	We ate an orange
Nǐ gēn tāmen shuōhuà	You talk to them
Tāmen hěn cōngmíng, bù shì ma?	They are smart, aren't they?
Wǒ de xié hěn guì	My shoes are expensive
Tā zébèi wǒmen	She blames us
Dēng hěn guì	The lamp is expensive

STORY MODE

CHINESE

Guǎngyì: "Jīntiān wǒmen jiāng cóng bǎn shàng de túpiàn zhōng liǎojiě duìxiàng. Cóng zuǒ dào yòu, nǐmen měi gèrén dūhuì zài qípán shàng míngmíng qī gè wùtǐ bìng tǎolùn tāmen de yòngtú.
Zéng! Ràng wǒmen cóng nǐ kāishǐ ba. Qǐng kāishǐ."
Zéng: "Píngguǒ, qiú, diànchí, zìxíngchē, shízhōng, píngzi, hézi."
Fàn zhì: "Rìlì, xiàngjī, qìchē, shǒujī, shízhōng, diànnǎo, mǎkè bēi."
Kīm: "Měiyuán, qízhì, fángwū, yàoshi, dìtú, zhǐzhāng, gāngbǐ."
Lǐ: "Túxiàng, shōuyīnjī, jiǎndāo, chuán, shǒutí xiāng, huǒchē, lúnzi."

ENGLISH

Guangyi: "Today we will learn about objects from the pictures on the board. From left to right, each of you will name seven objects on the board and discuss their use.

Zeng! Let's start with you. Please start."

Zeng: "Apple, ball, battery, bicycle, clock, bottle, box."

Fanzhi: "calendar, camera, car, mobile phone, clock, computer, mug."

Kim: "Dollars, flags, houses, keys, maps, paper, pens."

Li: "Image, radio, scissors, boat, suitcase, train, wheels."

Chapter 19

PLACES

Keywords : Shěng, shūdiàn, jùyuàn, tángguǒ diàn, gōngdiàn, qiáoliáng, jiǎoluò, gōngyuán, chāojí shìchǎng, dìfāng, jiānyù, lǐngyù, jiēdào, lǚguǎn, guójiā, bówùguǎn.

Jiǔdiàn	Hotel
Cāntīng	Restaurant
Jiātíng	Family
Xuéxiào	School
Túshū guǎn	Library
Fēijī chǎng	The airport
Zhè zuò shān	The mountain
Wǎngzhàn	Website
Zhè zuò qiáo	The bridge
Jiǎoluò	Corner
Zhōngxīn	Center
Chǎng	Field
Yínháng	Bank
Jiàotáng	Church
Chéngbǎo	Castle
Shìchǎng	Market
Guǎngchǎng	The square
Zhè piàn qūyù	This area
Diànyǐngyuàn	Theater
Jiǔbā	The bar
Tíngyuàn	Courtyard
Gāi dìqū	The area
Bàngōngshì	The office
Jiànzhú wù	The building

TRAINING TIME

Jiānyù	Prison
Gōngyuán	Park
Bówùguǎn	Museum
Xiǎo dǎo	Small island
Huāyuán	Garden
Shì	Municipality
Dàjiē	Avenue
Xiūxí shì	Lounge
Zhùzhái	Residence
Kāfēi	Coffee
Xiǎochéng	Small town
Lù	Road
Hǎitān	Beach
Shǒudū	Capital
Fǎtíng	Court
Wǒ kàn dàole chéngbǎo	I saw the castle
Wǒmen zài tóngyī jiā Jiǔdiàn ma?	Are we at the same hotel?
Shéi jìnle shūdiàn?	Who entered the bookstore?
Wǒmen de miànbāo diàn hěn xiǎo	Our bakery is small
Zhè zuò jiànzhú hěn dà	The building is huge
Tā cóng miànbāo diàn mǎi miànbāo	She buys bread from the bakery
Shūdiàn zài nǎ?	Where is the bookstore?
Nǎ jiā shūdiàn chūshòu tā de shū?	Which bookstore sells his book?
Xīn jiànzhú fēicháng dà	The new building is very large
Cóng wūdǐng wǒmen kàn dàole chéngbǎo	From the roof we saw the castle

TRAINING TIME

Wǒ fùqīn yǒu gè jiǔbā	My father has a bar
Zhè shì yīzuò shānchéng	This is a mountain city
Zhège jiātíng zài tiányě lǐ gōngzuò	This family works in the fields
Wǎnshàng, wǒmen qùle guǎijiǎo chǔ de jiǔbā	In the evening, we went to the bar at the corner
Wǒ fēicháng liǎojiě zhè zuò chéngshì	I know the city very well
Tā zài wàidì pǎobù	She is running in the field
Chúfáng wèiyú fángzi de zhōngxīn	The kitchen is in the center of the house
Wǒmen zhù zài yīgè dà dì dìfāng	We live in a large area
Wǒ de wèizhì zài nǎlǐ?	Where is my location?
Nǐ kàn dào gōngyuán de rùkǒu ma?	Do you see the entrance to the park?
Nǐ xiǎng yào nǎge dìfāng?	Which place do you want?
Wǒ qùle nǐ dì dìfāng	I went to your place
Tāmen zài tǐyùchǎng	They are at the stadium
Zhěnggè dìqū	The entire area
Guójì shèhuì de míngchēng shì shénme?	What is the name of the international community?
Xīn chāoshì jiù zài zhèlǐ	The new supermarket is here
Míngtiān, wǒ yào qù cūnlǐ	Tomorrow, I am going to the village
Jùyuàn fēicháng dà	The theater is very big
Nǎ tiáo jiē tōng wǎng zhè zuò chéngshì?	Which street leads to the city?
Zhèxiē chéngzhèn bùtóng	These towns are different
Wǒ yào qù yītiáo jiē	I am going to a street
Wǒmen cóng chēzhàn dàodále	We arrived from the station

Tā zài yījiā shāngdiàn gōngzuò — He works in a store

TRAINING TIME

Guǎngchǎng — The square
Wòshì — Bedroom
Gǎngkǒu — Port
Xiǎo dǎo — Small island
Fùjìn — Nearby
Gāi shěng — The province
Tǎ — Tower
Jiātíng — Family
Mǎlù — Road
Túshū guǎn — The library
Tǐyùchǎng — Stadium
Jiēdào — Street
Diànyǐngyuàn — Theater
Chēzhàn — Station
Chéngshì — City
Wǒmen zhù zài línjū de shānshàng — We live in the mountains of the neighbors
Tā yǒu yīgè jiù de huǒchē shòupiàoyuán zhìfú — He has an old train conductor uniform
Wǒmen jīn wǎn kàn dàole gōngdiàn — We saw the palace tonight
Línjìn de nǚrén fēicháng piàoliang — The neighboring women are very beautiful
Jīntiān, wǒmen zài gōngdiàn lǐ chīfàn — Today, we are eating in the palace
Pàiduì zài wǒjiā fùjìn — Party near my home
Tā zhù zài yīgè zhòngyào de gōngdiàn lǐ — He lives in an important palace
Zhè shì jiàotáng de chéngshì — It is the city of the church
Zhū zài cāntīng chīfàn — Zhu eats at the restaurant

Tā xiǎng yào tǔdì	He wants land

TRAINING TIME

Zhímíndì	Colony
Huàláng	Gallery
Dàlù	The mainland
Tā fǎngwènle gāi jīgòu	He visited the institution
Zhè shì wǒ dì dìqū	This is my area
Huānyíng lái dào wǒ de cāntīng	Welcome to my restaurant
Huānyíng lái dào jiǔdiàn	Welcome to the hotel
Xú zǒu zài shātān shàng	Xu walks on the beach
Anna zài yuànzi lǐ	Anna is in the yard
Zhū zài huāyuán lǐ	Zhu in the garden
Huǒchē dào tiān'ānmén guǎngchǎng zài nǎlǐ?	Where is the train to Tiananmen Square?
Wǒ zài měi gè guójiā dōu yǒuyī suǒ fángzi	I have a house in every country
Zhège dìfāng kàn qǐlái hěn dà	This place seems very big
Zhè shì tā de lǐngyù	This is his area
Wǒ zài zhège chéngshì	I am in this city
Wǒ de fángzi méiyǒu wūdǐng	My house has no roof
Zhège chéngshì bìng bù hǎo	The city is not good
Zhèxiē dìfāng hěn xiǎo	These places are small
Wěidà de jiànzhú	Great building
Anna zài gōngyuán lǐ wán	Anna plays in the park
Bówùguǎn zài nǎlǐ?	Where is the museum?
Zhè shì yīgè zhòngyào de fāngshì	This is an important way
Fēizhōu bùshì yīgè guójiā	Africa is not a country

Wǒmen zǒu zài guǎngchǎng shàng	We walked on the square
Guǎngchǎng hěn piàoliang	The square is very beautiful

TRAINING TIME

Guójiā	Country
Zhèxiē lǐngyù	These areas
Ddìxíng	Terrain
Wǒ de shūshu zài yìdàlì yǒuyī suǒ fángzi.	My uncle has a house in Italy.
Shèqū shuō yīngyǔ	The community speaks English
Tā shàng dàxuéle	She went to college
Tā duì yínháng liǎojiě hěnduō	She knows a lot about the bank
Wǒmen tán dàole zhèxiē fāngmiàn	We talked about these areas
Wǒmen shì yīgè pángdà de shèqū	We are a huge community
Wǒmen zhèng zǒu zài lù biān	We are walking on the side of the road
Yínháng shì báisè de	The bank is white
Zhè shì yījiā fēicháng hǎo de yīyuàn	This is a very good hospital
Zài ànshàng	On the coast
Zhè shì yīgè zhòngyào dì gǎngkǒu	This is an important port
Wǒ mèimei qùle yánjiū suǒ	My sister went to the institute
Tā shì gāi guó zuì hǎo de jīgòu	It is the best institution in the country
Zhèxiē fángjiān fēicháng kuānchǎng	These rooms are very spacious
Zhèxiē jīgòu yīlài wǒmen	These institutions rely on us

Zhè shì yīgè hěn dà de lǐngtǔ — This is a big territory

Nǐ de fángzi shì gōngdiàn — Your house is a palace

TRAINING TIME

STORY MODE

CHINESE

Angelo: "Zài wǒ huí jiā zhīqián, wǒ xūyào yīgè xīn dì dìfāng fàngsōng yīxià. Nǐ yǒu shé me jiànyì ma?"

Anna: "Zhè bùshì wèntí. Zhège chéngshì yǒu hěnduō dìfāng, qízhōng yīxiē bāokuò bówùguǎn, yìshù huàláng, zhōulì túshū guǎn, gòuwù zhòng xīn hé xǔduō jiǔbā hé cānguǎn.
Rúguǒ nǐ xǐhuān dà zìrán, nǐ kěyǐ qù guójiā gōngyuán."

Angelo: "Tā zài nǎlǐ?"

Anna: "Tā jiù zài dì liù qū de péngrèn xuéxiào hé jīchǎng fùjìn. Dàxué mén hé yīyuàn dàlóu yǐxī jǐ gè jiēqū."

Angelo: "Wǒ xūyào yīgè kàojìn wǒjiā dì dìfāng. Zhège jùlí duì wǒ lái shuō tài yuǎnle."

Anna: "Huòzhě, nǐ kěyǐ cānguān ài ěr mǎlìyà chéngbǎo. Tā wèiyú lí bàngōngshì bù yuǎn de ānjìng qūyù, shènzhì shì Santa Maria jiāzú yǒngyǒu de Torre de Santa Maria. Tā hái yǒu yīgè jiǔbā hé yīgè xiǎoxíng sīrén hǎitān."

Angelo: "Wǒ zěnme qù nàlǐ?"

Anna: "Tā kàojìn ào sī wǎ'ěr dé dàdào, zhè shì chéngshì fāzhǎn yánjiū suǒ bèihòu de dì èr tiáo jiē."

ENGLISH

Angelo: "Before I go home, I need a new place to relax. Do you have any suggestions?"

Anna: "This is not a problem. There are many places in the city, some of which include museums, art galleries, state libraries, shopping centers and many bars and restaurants.
If you like nature, you can go to the national park."

Angelo: "Where is it?"

Anna: "It's just around the cooking school and airport in the sixth district. A few blocks west of the university gate and hospital building."

Angelo: "I need a place close to my home. This distance is too far for me."

Anna: "Or, you can visit El Maria Castle. It is in a quiet area not far from the office, or even the Torre de Santa Maria owned by the Santa Maria family. It also has a bar and a small private beach."

Angelo: "How do I get there?"

Anna: "It is close to Oswald Boulevard, the second street behind the Urban Development Institute."

Chapter 20

PEOPLE

Keywords : Chéngrén, értóng, rénlèi, rén, rén.

Rén	People
Zhè wèi nǚshì	This lady
Nǚwáng	Queen
Nàgè gōngmín	The citizen
Línjū	Neighbor
Yòuzhì	Naive
Shòuhài zhě	Victim
Qiúfàn	Prisoner
Gèrén	Personal
Tóngshì	Colleague
Wǒmen yǒu yīqún péngyǒu	We have a group of friends
Wǒmen gěi chéngrén hé értóng shénme?	What do we give to adults and children?
Wǒ ài wǒ de wèihūnfū	I love my fiance
Tāmen niánlíng xiāngtóng	They are the same age
Wǒ de háizi zàijiā hěn gāo	My children are very tall at home
Rénqún děngdài dá'àn	The crowd waits for the answer
Wǒmen shìgèrén	We are individuals
Nǐ xiànzài shì gè chéngnián rén	You are an adult now
Xià yībēi kāfēi shì nǐ de	The next cup of coffee is yours
Wǒ bùshì kèrén	I am not a guest
Tā shì wǒ de huǒbàn	He is my partner
Jǐngchá sōuxún yīgè wéixiǎn de rén	The police search for a dangerous person
Xià zhōu jiāng jǔxíng yī chǎngzhe míng de hūnlǐ	A famous wedding will be held next week
Wǒmen shì xià yīgè	We are next

Gōnghuì fēicháng dà	The union is very big

TRAINING TIME

Wǒ de érzi zhǐshì yīgè shàonián	My son is just a teenager
Zhège chéngshì rénkǒu zhòngduō	The city has a large population
Shéi shì xià yīgè?	Who is next?
Wǒ shì xiǎohái	I am a child
Tā bùshì wǒ de wèihūnqī!	She is not my fiancee!
Rénmen zěnme xiǎng?	What do people think?
Gōngzhòng tīngle tā de huídá	The public listened to his answer
Xīn yīdài de lǐjiě	A new generation of understanding
Wǒ bùshì yīgè pǔtōng rén	I am not an ordinary person
Tā xìnggé jiānqiáng	She is strong in character
Wǎn'ān, xiānshēngmen, nǚshìmen.	Good night, gentlemen and ladies.
Tā de fùqīn yùjiànle xīnniáng	His father met the bride
Wǒmen bùshì tóngshì	We are not colleagues
Wǒmen bùshì gōngmín	We are not citizens
Wǒ hé yímā yǒu tèshū de guānxì	I have a special relationship with my aunt
Tā shì wǒmen de línjū	She is our neighbor
Nǚrén bìng bù zǒng shì nǚshì	Women are not always ladies
Nǐ de qīzi shì yìdàlì rén	Your wife is Italian
Shénme shì gémìng?	What is a revolution?
Wǒ yǒu nǚ péngyǒu	I have a girlfriend
Tā shì yīgè rén	She is a person
Zhè shì wǒ de wénhuà	This is my culture
Wǒmen shì hǎorén	We are good people

Tā qùle gōnghuì	He went to the union
Rénxìng shì dúyīwú'èr de	Humanity is unique

TRAINING TIME

Nóngmín	Farmer
Gōngmín	Citizen
Wǒ de duìyǒu	My teammate
Nánháimen zài tǐyùchǎng xùnliàn	The boys train in the stadium
Tā méiyǒu dírén	She has no enemies
Háizi hē pútáo zhī	The child drinks grape juice
Shéi shì qīngshàonián?	Who is a teenager?
Zhè wèi nǔshì fùzé	This lady is responsible
Tā shì yīgè yǒu pǐngé de nǔrén	She is a woman with character
Guānzhòng tīng dàole	The audience heard
Nǐ jiějiě shì wǒ de xīnniáng	Your sister is my bride
Rénlèi chī ròu	Humans eat meat
Rénqún tīngqǔle guówáng de yìjiàn	The crowd listened to the views of the king
Nǐ yǒu hěn hǎo de xísú	You have good customs
Shénme shíhòu jǔxíng hūnlǐ?	When is the wedding?
Shénme shì gōngmín?	What is a citizen?
Kèrén yě gōngzuò	Guests also work
Gilberto shì yīgè rén	Gilberto is a person
rénmen kàn	People watch
Nǐ méiyǒu wénhuà	You have no culture
Tāmen shì hǎorén	They are good people
Gǒu shì rénlèi zuì hǎo de péngyǒu	The dog is man's best friend
Wǒmen shì yī duì ma?	Are we a pair?
Tā bù zhīdào tā de niánlíng	He doesn't know his age
Duō hǎo de xíguàn	What a good habit

TRAINING TIME

Gāi tuánduì fǎngwènle gāi yīyuàn	The team visited the hospital
Tāmen shì xīn línjū	They are new neighbors
gémìng xiànzài kāishǐle!	The revolution is now beginning!
Tā shì wǒ gōngzuò de tóngshì.	He is a colleague of my work.
Tā shì wǒ de línjū zhī yī	He is one of my neighbors
Wǒmen nǔlì gōngzuò	We work hard
Māo shì yī zhǒng fēicháng hǎo de dòngwù	The cat is a very good animal
Wǒ de shūshu xiěle yī piān guānyú lǚxíng de wénzhāng.	My uncle wrote an article about travel.
Lǎorén fēicháng zhòngyào	The elderly are very important
Bù, tā bùshì wǒ de nán péngyǒu.	No, he is not my boyfriend.
Tā shì yīgè fēicháng yǒuqù de rén	She is a very interesting person
Duìyú yībān rénqún	For the general population
Tā shì wǒ de shìyǒu	He is my roommate
Tāmen shì xiǎo chéngnián rén	They are small adults
Nǐ shì shòuhài zhě ma?	Are you a victim?
Zhè shì gèrén	This is an individual
Nǐ yǐjīng shì chéngnián rénle	You are already an adult
Tā kànzhe nǚháimen	She looks at the girls
Zhè duì rénlèi bùlì	This is not good for humans
Wǒ yě bù	Neither do I
Nǐ yǒu dírén ma?	Do you have an enemy?
Tāmen yánjiū lǚyóu yè	They study tourism

Tāmen shì jūnguān	They are officers
Wǒ yǒu yīgè dírén	I have an enemy

TRAINING TIME

Wǒmen yǒu yīgè xiéhuì	We have an association
Lìngwài, wǒmen méiyǒu zhèngrén	In addition, we have no witnesses
Tā yǒngyuǎn shìgè shēnshì	He will always be a gentleman
Wǒ táng xiōng qùle bólǎnhuì.	My cousin went to the fair.
Wǒ bùxiǎng yào jiǔ, dàn wǒ xiǎng hē shuǐ.	I don't want wine, but I want to drink water.
Wǒ shì yī míng mùjí zhě	I am an eyewitness
niánqīng rén wèi shénme bù xuéxí?	Why don't young people learn?
Zhè bùshì yīgè hǎo hūnyīn	This is not a good marriage
Wǒ bù wéi wǒ de péngyǒu mǎidān.	I don't pay for my friend.
Wǒmen shì zhèlǐ de shòuhài zhě	We are the victims here
Wǒ de huǒbàn yǔnxǔle	My partner allowed it
Yīshēng míngtiān huì shōu dào jiéguǒ	The doctor will receive the results tomorrow

Lǎoshī wèi wǒmen dúle yī běn shū.	The teacher read a book for us.
Tā hěn hǎo dì duìdài tā de yuángōng	He treats his staff very well
Wǒmen yǒusān gè bùtóng dì dìfāng	We have three different places
Wǒ de fùqīn fēicháng ài tā.	My father loves her very much.
Gōngmín shèhuì fēicháng zhòngyào	Civil society is very important

STORY MODE

CHINESE

Reporter: "Jīnnián de kuánghuān jié shàng yǒu zhème duō rén. Wǒ jiànguò wǒ de línjū hé yī wèi yǒu qízhì de tóngshì. Ràng wǒ qù nóngmín qū yǔ nàlǐ de yīxiē rén jiāotán."

"Dàjiā hǎo, huānyíng cānjiā dì 24 jiè lǜsè jiāniánhuá, jīntiān nǐ hǎo ma?"

Visitor 1 "Wǒmen zuò dé hěn hǎo, wǒmen hěn xiǎngshòu zhège zhǎnlǎn."

Reporter: "Wǒ hěn gāoxìng zhīdào wǒ kěyǐ wèn nǐ guānyú nǐ de yīfú ma? Zhǔtí shì shénme?"

Visitor 1 "Wǒmen shì pútáoyá gōngmín, yīgè yǒngyǒu 1100 wàn rénkǒu de guójiā, wǒmen yǒngyǒu dútè de wénhuà. Zài huídá nǐ de dì èr gè wèntí shí, wǒmen jīnnián de zhǔtí shì "rénwén lǚyóu."

Visitor 2: "Wǒmen dōu mùdǔle jùfēng de pòhuài lì, suǒyǐ wǒmen juédìng bāngzhù tígāo rènshì bìng wèi shòuhài zhě juānkuǎn."

ENGLISH

Reporter: "There are so many people at this year's carnival. I have seen my neighbor and a colleague with a flag. Let me go to the peasant area and talk to some people there."

"Hello everyone, welcome to the 24th Green Carnival, how are you today?"

Visitor 1: "We are doing very well, we are enjoying this exhibition."

Reporter: "I am very happy to know that I can ask you about your clothing? What is the theme?"

Visitor 1: "We are Portuguese citizens, a country with a population of 11 million, and we have a unique culture. In answering your second question, our theme this year is "humanity tourism."

Visitor 2: "We have all witnessed the destructive power of the hurricane, so we decided to help raise awareness and make donations for the victims."

Chapter 21

NUMBERS

Keywords : Shùzì, yī, èr, sān, sì, wǔ, liù, qī, bā, jiǔ, shí, shíyī, shí'èr, shísān, shísì, shíwǔ, liùshí, qīshí, yīqiān, yībǎi wàn, èrshí.

Yī	One
Èr	Two
Sān	Three
Sì	Four
Wǔ	Five
Liù	Six
Qī	Seven
Bā	Eight
Jiǔ	Nine
Shí	Ten
Shí yī	Eleven
Shí èr	Twelve
Shí sān	Thirteen
Shí sì	Fourteen
Shí wǔ	Fifteen
Liǎng gè hé sì gè shì liù gè	Two and four are six
Liǎng gè hé liù gè shì bā gè	Two and six are eight
Wǔ gè nǚrén	Five women
Tāmen kàn dàole liù tóu dà xiàng	They saw six elephants
Sì gè píngguǒ	Four apples
Dì wǔ yè	Fifth page
Wǒmen yǒu bā yè	We have eight pages
Wǒ yǒu sì kuài qián.	I have four dollars.
Wǔ gè píngguǒ	Five apples
Wǒ yǒu liǎng gè jiěmèi.	I have two sisters.

TRAINING TIME

Èr shí	Twenty
Sān shí	Thirty
Sìshí	Forty
Shéi shì tóuhào rénwù?	Who is the number one?
Dì sān gè shì sùshù	The third is the prime number
Tā de āyí yǒusān zhī māo	His aunt has three cats
Tā shì wǒ de dì sān gè nǚ péngyǒu	She is my third girlfriend
Wǒ jiāng děngdài.	I will wait.
Tā shì tā de dì yī gè háizi	He is her first child
Chēzhàn jùlí jiǔdiàn yǒu 2 mǐ.	The station is 2 meters away from here.
Nǐ bùxiǎng yào dì èr wǎn mǐfàn	You don't want the second bowl of rice
Tā de dì yī jiàn fěnsè chènshān	His first pink shirt
Tā shì qī gè háizi zhōng de dì liù gè	He is the sixth of seven children
Liù rén shípǔ	Recipes for six people
Tā liù diǎn zhōng lái dào zhèlǐ ér bùshì zhīqián	He came here at six o'clock instead of before
Dì sì dào cài shìhé tā.	The fourth dish is suitable for him.
Sì gè nán péngyǒu chī shénme?	What do four boyfriends eat?
Fēicháng gǎnxiè nǐ!	Thank you very much!
Wǔshí huò sì shí?	Fifty or forty?
Wǒ yǒu shíbā pǐ mǎ.	I have eighteen horses.
Cóng líng dào shí	From zero to ten

Tā shì zhège jiātíng zhōng de dì jiǔ gè nánhái.	He is the ninth boy in this family.
Wǒ érzi shí suìle.	My son is ten years old.
Wǒmen shì shíyī gè rén	We are eleven people
Tā yǒu shí'èr gè er zi	He has twelve sons

TRAINING TIME

Bàn	Half
Yíbiǎo	Meter
Wǒ yǒu yīxiē qián	I have some money
Tā yǒu bā gè sūnzi.	He has eight grandchildren.
Wǒ yǒu shísān zhī māo	I have thirteen cats
Shísì gè biǎo xiōngdì	Fourteen cousins
Wǒ shíwǔ suì	I was fifteen years old
Jiē xiàlái de shí'èr gè xiǎoshí	The next twelve hours
Nǐ wèishéme bù lái wǒmen liù suì shēngrì?	Why didn't you come to our sixth birthday?
Yǒu wǔ gèrén de zhuōzi ma?	Is there a table for five people?
Wǒmen gòngyǒu bā gè	We have a total of eight
Wǒmen dádàole dì shí míng	We reached the tenth place
10 fēnzhōng	Ten minutes
Liàng dà	High quantity
Tā cái shíqī suì	He is only seventeen years old
Wǒ cóng bā diǎn dào shíyī diǎn xuéxí	I am studying from eight to eleven
Wǒ xiàwǔ sān diǎn zuǒyòu hē chá.	I drink tea around three in the afternoon.
Shí'èr suì, yī zhǐ gǒu lǎole	Twelve years old, a dog is old

Wǒ yǒu shísì jiàn bái chènshān.	I have fourteen white shirts.
Wǒ yīgòng shuìle shíyī diǎn.	I slept at eleven o'clock.
Wǒmen yǒu èrshí pǐ mǎ	We have twenty horses
tāmen chīle yīxiē píngguǒ	They ate some apples
Liù fēn zhī yī shì sān fēn	One sixth is three
Xiànzài shì shí diǎn bànle	It's half past ten
Dì wǔ zuò qiáo tōng wǎng bówùguǎn	The fifth bridge leads to the museum

TRAINING TIME

Bǎi wàn	Million
Sì gèrén	Four people
Yīshuāng xié	A pair of shoes
Qīshíyī gè húluóbo	Seventy-one carrots
Zhè shì yībǎi wàn měiyuán	This is one million dollars
Wǒ gūgū dàgài sìshí suìle.	My aunt is about forty years old.
Wǒ zài 20 shìjì 80 niándài.	I am in the 1980s.
Wǒ dúle 90 fēnzhōng.	I read for 90 minutes.
Jiāng lǜ bǐng zài kǎoxiāng zhōng bǎochí 60 fēnzhōng	The cake is kept in the oven for 60 minutes
Yī mǐ	One meter
Dì sān	Third
Jīntiān shì dì sān tiān	Today is the third day
Zhè shì nǐ de yībàn	This is half of you
Mùqián, tā páimíng dì bā	Currently, he is ranked eighth
Wǒmen yǐjīng děngle dàyuē liùshí niánle.	We have been waiting for about sixty years.
Wǒ chàbùduō qīshí suìle.	I am almost seventy years old.

Qīshí gè nánrén chī jīròu	Seventy men eat chicken
Tā jìdé qīshí niándài	He remembers the seventies
Xià zhōu shì wǒ de zuìhòu yīzhōu.	Next week is my last week.
Wǒ méiyǒu rènhé dá'àn.	I don't have any answers.
Bówùguǎn jiǔ diǎn kāifàng	The museum is open at nine
Tāmen yāoqiú zhìshǎo yībǎi wàn	They demand at least one million
Wǔ mǐ	Five meters
Shù qiān gōnglǐ	Thousands of kilometers
Qī shì tā de hàomǎ	Seven is her number

TRAINING TIME

Qízhōng yībǎi gè fēicháng hǎo	One hundred of them are very good
Wǔ wèi lǎoshī	Five teachers
Nǐ yǒu yīqiān gè péngyǒu	You have a thousand friends
Tā shì wǒ niánlíng de liǎng bèi	He is twice my age
Zhè li yǒu hěnduō rén.	There are many people here.
Nǐ bǐ tā dà duōshǎo qián?	How much are you bigger than him?
Wǒ shūshu de chē hěn xiǎo	My uncle's car is small
Shí jiǎn sì děngyú liù	Ten minus four equals six
Tā de xiōngdì bù dào wǔ suì	His brother is less than five
Wǒmen yǒu zúgòu de shíjiān	We have enough time

Tā mǎile jǐ jiàn yīfú	She bought a few clothes
Wèishéme hěnduō rén huì sǐ?	Why do many people die?
Wǒmen chīle yībàn de miànbāo	We ate half of the bread
Tā chīle hěnduō yú	He ate a lot of fish
Tā de xiézi shì lán sè de	His shoes are blue
Wǒ jiǔ diǎn chīfàn.	I have dinner at nine.
Xiànzài tā yǐjīng shíbā suìle.	Now she is eighteen years old.
Nǐ yǒu gèng dà de dōngxī ma?	Do you have something bigger?
Yīzhōu de dì qī tiān shì xīngqíliù	The seventh day of the week is Saturday
Zhège yuè de dì wǔ gè xīngqítiān	The fifth Sunday of the month
Wǔ liàng báisè jiàochē	Five white cars
Chúshī yǒu sìshí gōngjīn de ròu	The chef has forty kilograms of meat
Tā dì jiǔ cì qù chāoshì	Her ninth trip to the supermarket
Sānshí nián hòu, wǒmen zài tóng yīgè chéngshì	Thirty years later we are in the same city
Èrshí gè jiātíng zhù zài zhèlǐ	Twenty families live here
Láizì yàzhōu de sānshíliù zhǒng chéngzi	Thirty-six kinds of oranges from Asia
Maria yǒu sìshísì zhǐ qi'é	Maria has forty-four penguins
35 rén láizì yìdàlì	35 people from Italy
Hàn yǒu sìshísān zhī dòngwù	Han has forty-three animals
Zhège nánrén yǐjīng liùshí suìle.	This man is sixty years old.
Wǒ nǚ péngyǒu jīnnián 19 suì	My girlfriend is 19 years old
Jīn wǎn, tā páimíng dì qī.	Tonight, he is ranked seventh.

Wǒ xiàwǔ hē diǎn kāfēi.	I have a little coffee in the afternoon.
Wǒ de érzi shíliù suì	My son is sixteen
Tā yǒu liǎng qiān běn shū	She has two thousand books
Zhè shì yīshuāng hǎo xié	This is a good pair of shoes
Zhège chéngshì yǒu 200 wàn rénkǒu	The city has a population of 2 million

TRAINING TIME

STORY MODE

CHINESE

"Nǐ néng jìdé zuótiān wǒmen xué dàole shénme, xú?" Huáng shuō.

"Rúguǒ kěyǐ dehuà, wǒ de yībàn gōngzuò jiāng huì jiéshù. Rúguǒ nǐ bùnéng, rúguǒ nǐ xiǎng tōngguò kǎoshì, nǐ yīnggāi gèngjiā nǔlì."

"Shì de, wǒ kěyǐ." Xú shuō.

"Dà! Wǒmen jìxù ba."

"Liǎng jiā èr shì sì, sān jiā yī shì sì, yī jiā sān děngyú sì, bā chú èr děngyú sì."

"Fēicháng hǎo, ràng wǒmen xiànzài gèngjiā guānzhù tāmen, cóng dì liù gè kāishǐ. Nǐ néng gàosù wǒ dì liù cì ma?" Huáng shuō.

"Liù jiā yī děngyú qī, liù jiā sān děngyú jiǔ, liù jiā sì děngyú shí, qī jiā liù děngyú shísān, liù jiā liù děngyú shí'èr, liù jiā sì děngyú shí."

"Hǎo xú. Xiànzài lái huídá zhèxiē wèntí. Rúguǒ wǒ zài Snapchat shàng yǒu 14 gè fěnsī, ér nǐ yǒu 15 gè, zhè liǎng gè fěnsī de zǒnghé shì duōshǎo?"

"Èrshíjiǔ gè fěnsī," xú huídá dào.

ENGLISH

"Can you remember what we learned yesterday, Xu?" said Huang.
"If you can, half of my work will end. If you can't, you should work harder if you want to pass the exam."
"Yes, I can." Xu said.
"Great! Let's continue."
"Two plus two is four, three plus one is four, one plus three equals four, eight divided by two equals four."
"Very good, let us pay more attention to them now, starting with the sixth. Can you tell me about the sixth?" Huang said.
"Six plus one equals seven, six plus three equals nine, six plus four equals ten, seven plus six equals thirteen, six plus six equals twelve, six plus four equals ten."
"Good job Xu. Now answer these questions. If I have 14 fans on Snapchat, and you have fifteen, what is the sum of these two fans?"
"Twenty-nine fans," Xu replied.

**10 20 30 40 50
60 70 80 90 100**

END OF BOOK ONE

For the complete experience, please get the second and third book in the series

#THESIMPLEWAYTOLEARNCHINESE

For updates on the next book, we're available on twitter as the @BadCreativ3, and on facebook
www.facebook.com/BadCreativ3

OTHER BADCREATIVE BOOKS

The Simplest Way To Learn French

The Simplest Way To Learn Spanish

The Simplest Way To Learn Portuguese

Thank you for reading, and we hope you'd be kind enough to drop us a review on our amazon page.

www.ingramcontent.com/pod-product-compliance
Lightning Source LLC
Chambersburg PA
CBHW072013110526
44592CB00012B/1282